돈 버는 사고방식과 돈 버는 멘탈을 말하다

주 식 은
멘탈이다

KB179930

돈 버는 사고방식과 돈 버는 멘탈을 말하다

주 식 은
멘탈이다

나가타 준지 지음
이정미 옮김

Jisangsa
지상사

역자 소개 | 이정미

연세대학교 경제학과를 졸업하였으며, 이화여자대학교 통역번역대학원에서 번역학 석사학위를 취득하였으며, 2022 대산문화재단 외국문학 번역지원 일본어부문에 선정되었다. 현재 번역 에이전시 엔터스코리아 일본어 전문 번역가로 활동하고 있다.
주요 역서로는 《주식 데이트레이딩의 신 100법칙》《7일 마스터 주식 차트》《줄서는 미술관의 SNS 마케팅 비법》《주식투자 1년차 교과서》《나의 첫 경제 공부》《하버드 스탠퍼드 생각수업》《패권의 법칙》《가격 경제학》《나의 첫 경제 공부》《패권의 법칙》 등의 다수가 있다.

주식은 멘탈이다

돈 버는 사고방식과 돈 버는 멘탈을 말하다

1판 1쇄 발행   2023년 8월 29일

지은이 나가타 준지
옮긴이 이정미
발행인 최봉규

발행처 지상사(청홍)
등록번호 제2017-000075호
등록일자 2002. 8. 23.
주소 서울특별시 용산구 효창원로64길 6 일진빌딩 2층
우편번호 04317
전화번호 02)3453-6111, 팩시밀리 02)3452-1440
홈페이지 www.jisangsa.co.kr
이메일 jhj-9020@hanmail.net

*잘못 만들어진 책은 구입처에서 교환해 드리며, 책값은 뒤표지에 있습니다.

들어가며

직장인도 주식으로 돈을 벌 수 있다!

여러분은 어떤 입장에서 주식 투자를 하고 계신가요?

전업 트레이더로서 주식을 본업으로 삼는 분도 있을 것입니다. 본업을 따로 두고 주식 투자를 하는 겸업 투자자도 있겠지요. 또는 이제부터 주식 투자를 시작하려는 사람도 있을 것입니다.

주식 투자에 임하는 방법은 사람마다 제각각이라고 생각합니다.

여기서 미리 밝혀 두는데, 이 책에서 소개할 주식 투자법은 주로 '겸업 투자자'(이제부터 시작하는 분도 포함)를 위한 방법입니다.

하루 단위로 투자를 하는 데이트레이더나 주식을 본업으로 삼고 눈앞의 이익을 추구하는 투자자에게는 그다지 추천할 수 없는 방법입니다.

주로 겸업으로 투자하는 분이라면, 이 책의 내용이 투자에 도움이 될 것이라고 확신합니다.

왜냐면 저 자신이 현역 직장인 겸 투자자로서 이 책의 투자 방법을 이용해 착실히 자산을 늘리고 있기 때문입니다.

인사가 늦었습니다.

저는 현역 직장인 겸 투자자이며 주식 세미나 강사로도 일하고 있는 나가타 준지입니다.

평소에는 모 금융기관에서 일하는 직장인입니다. 직장생활 하면서 주식 투자를 계속하는 겸업 투자자이기 때문에 여러분과 마찬가지로 주식에 대한 특별한 정보도 없고 기관투자자와 같은 전문적 투자 기술도 없습니다. 저의 투자 방법은 누구나 할 수 있는 아주 평범한 방법입니다.

저의 투자 경력은 15년이 넘습니다. 여러 번의 실패(그냥 실패도 아닌 대실패)도 있었고, 가격이 10배 이상 올라 소위 '텐배거'를 달성한 대성공 종목도 있었습니다.

실패 속에서 저 나름대로 찾아낸 투자 방법으로 성실하게 차근차근 투자를 계속한 덕분에, 투자 자금은 주식 투자를 처음 시작했던 때와 비교해 100배 이상이 되었습니다.

시작할 때 50만 엔이었던 자금은 지금 7,000만 엔을 넘습니다. 몇 년만 더 하면 1억 엔을 바라볼 수 있는 지점까지 온 것입니다. 일개 직장인 투자자로서는 충분한 성과를 올리고 있다고 자부합니다.

도중에 소위 말하는 폭락을 포함해서 하락 국면을 몇 번이고 겪었습니다. 그럴 때마다 수중의 자금이 줄어들어 멘탈이 붕괴할 뻔했지만 어떻게든 극복하며 여기까지 왔습니다.

그런 다채로운 투자 경험에서 이끌어 낸 것이 현재 저의 투자 방법입니다.

덕분에 출판된 첫 저서《10만 엔으로 시작해 자산을 200배로 만드는 소형 성장주 투자》가 호평을 받았습니다. 많은 독자분의 '다음 책도 읽고 싶다'라는 목소리에 부응해서 쓴 것이 이번 책입니다.

이 책에서는 제가 주식 투자에서 특히 중요하다고 생각하는 '사고방식'과 '멘탈'에 대해 썼습니다.

'같은 조건에서 같은 종목에 투자했는데, 돈을 버는 사람과 잃는 사람이 있는 이유는 무엇일까?'

이 책에는 그 대답이 있습니다.

그러면 '돈을 버는 사고방식' '돈을 버는 멘탈'이란 무엇일까요? 이 책을 읽으면 알 수 있습니다.

그러면 우선 자기소개를 겸해 제가 어떻게 지금의 투자 방법에 다다랐는지 간단하게 이야기하겠습니다.

이미 주식 투자를 시작한 사람과 이제 시작하려는 사람 모두, 제 투자 경험은 반드시 도움이 될 것입니다.

저자 **나가타 준지**

CONTENTS

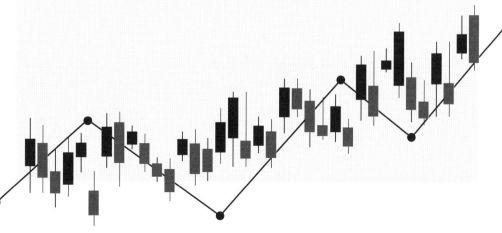

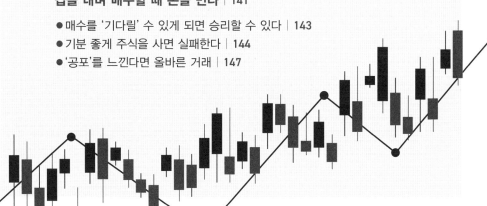

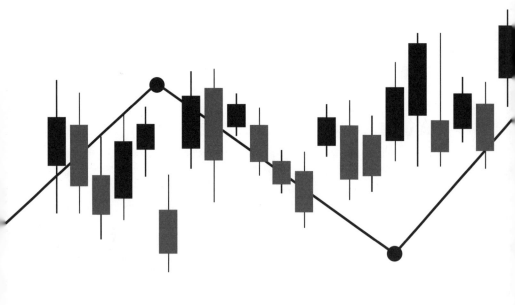

'승리하는
투자자'가 되기
위한 사고방식과
멘탈

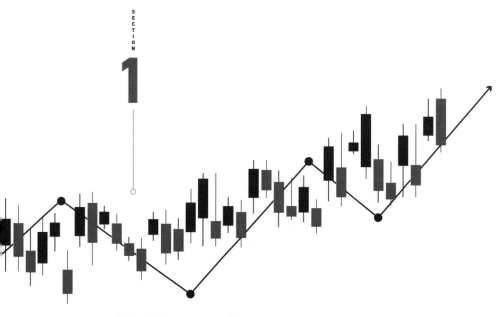

**'승리하는 투자자'가
되기 위한
사고방식과 멘탈**

'1류 투자자'가 아니라 '2류 투자자'를 목표로 삼아라!

주식 투자와의 만남

내가 주식 투자를 배운 것은 대학생 때다. 전부터 주식 투자를 하셨던 할아버지의 한마디가 계기였다.

그 시절 나는 주식 투자는 고사하고 정치나 경제에도 전혀 관심이 없었다. 마음이 맞는 친구들과 동아리 활동을 하느라 바빴고, 과외로 번 돈도 곧바로 써 버렸기 때문에 당연히 저축은 거의 없었다.

그렇게 지내던 대학교 3학년 여름이었다. 먼 곳에 있던 할아버지댁을 찾아갔을 때 할아버지가 질문하셨다.

"너도 주식을 해 보겠느냐?"

"50만 엔을 줄테니 마음에 드는 주식을 자유롭게 사봐라. 재미있단다."

당시 내게 주식 투자는 미지의 영역, 인연이 없는 대상이라는 느낌이었다. 어머니가 주식을 하신다는 사실은 눈치로 알고 있었지만, 가족 사이에 주식을 화제로 삼는 일은 없었다. 나는 투자에 관한 지식이 전혀 없는 속 편한 학생이었다.

당시 2000년대 중반 일본의 주식시장에서는 최소로 주문할 수 있는 주수(株數) 단위가 일반적으로 1,000주였기 때문에(일부 고가 주식은 100주 단위인 경우도 있었다) 최소 투자 단위가 20~30만 엔 정도였다. 50만 엔으로 살 수 있는 종목은 기껏해야 하나나 둘이었다.

할아버지에게 받은 투자금 50만 엔을 들고 '어느 주식을 살까?' 생각하며 가벼운 마음으로 신문의 주식란을 봤더니, 상장기업들의 전날 주가 등락이 죽 나열되어 있었다.

'이렇게 주식이 많으니 뭘 사야 할지 모르겠어….'

고민 끝에 누구나 이름을 아는 회사 중 NTT의 주식을 한 단위 구입했다.

그러자 초보자의 행운이 따라 한 달도 채 지나기 전에 주가가 상승했다. 순조롭게 10만 엔의 이익을 손에 쥘 수 있었다.

'아무 일도 안 했는데, 돈이 늘어났네!'

학생이 아르바이트로 10만 엔을 버는 일은 아주 고생스럽다. 그런데 눈 깜짝할 새에 10만 엔을 벌었다. 처음으로 이익을 확정했을 때는 좋아서 어쩔 줄 몰랐다.

이렇게 해서 나는 순식간에 주식 투자의 포로가 되었다.

일상생활도 달라졌다. 닛케이신문의 내용과 TV 뉴스에 민감해졌다. 투자를 배우기 시작한 사람들이 흔히 그렇듯, 남들이 모르는 시장 상황에 대한 지식을 얻는 일은 곧 쾌감이 되었다.

투자 성적은 초보자의 행운으로 수익을 거둔 NTT 이후로는 벌기와 잃기를 교대로 반복했다.

리먼 사태 그리고 닛케이 평균 옵션으로 전 재산을 잃다

나는 대학교를 무사히 졸업하고 사회인이 된 후 본격적으로 주식 투자를 시작했다.

신입사원 시절의 연봉은 적었지만, 부모와 함께 살았기 때문에 입사 첫해가 끝나갈 때 저축은 100만 엔 정도였다. 2년 일하고 나자 보유 자금은 250만 엔 정도까지 늘었고 투자 성적도 괜찮았다. 당시 주식시장은 고이즈미 정권하에서 주식을 사기만 하면 계속 오르는 상태였기 때문에, 250만 엔의 자금이 500만 엔이 되는 데에 시간이 그다지 걸리지 않았다.

그런데 주식 투자로 순조롭게 자금을 불리던 2008년 가을, 리먼 사태가 일어났다.

활기찼던 시장은 계속 하락했다. 보유하고 있던 주식의 가격도 뚝뚝 떨어졌다. 엔화 강세 달러 약세가 엄청나게 진행되어 1달러가 80엔 아래로 내려가고 말았다. 보유한 자금은 들여다볼 때마다 몇십만 엔 단위로 줄어들었다. 그야말로 '자산이 녹아 없어지는' 느낌이었다.

그래도 아직 확정하지 않은 수익만이 감소하는 동안에는 제정신을 유지할 수 있었다. 리먼 사태는 미국발 금융위기이므로 일본과는 무관하다는 논조가 주식시장에서 다수파였기 때문에, 시세가 곧 진정되고 상승 국면으로 돌아서리라 생각했다.

그런데 점차 일본 금융기관이 영향을 받고 있음이 드러나고 실물경제에 대한 영향도 심각해지자, TV와 주간지에서도 점점 '100년에 한 번 오는 큰 불황'이라는 문구가 여기저기 등장하게 되었다.

2008년이 되자 주식시장은 공황의 양상을 띠기 시작했다. 동시에 내 주식 투자 자금도 순식간에 200만 엔 미만으로 줄어들었다. 그대로 가만히 있었다면 좋았겠지만 나는 욕심에 눈이 어두워져 감당할 수 없는 일을 저지르고 말았다.

주식은 멘탈이다

리먼 사태로 불어나는 손실을 메워 보기 위해 한 방을 노리고 '닛케이 평균 선물 옵션거래'에 손을 댄 것이다.

옵션거래는 활용하기에 따라서는 편리하지만, 기본적으로는 프로를 위한 거래다.

잘 모르는 사람들을 위해 설명하자면 닛케이 평균 옵션거래는 보험 상품의 매매와도 같다. 보험을 사는 쪽은 만약을 대비하고자 하고, 보험을 파는 쪽은 통계적으로 이익인 수준에서 보험을 판다. 확률적으로는 보험을 파는 쪽이 압도적으로 유리하지만, 생각지 못한 사태가 발생하면 파는 쪽이 불리해진다.

내가 한 것은 '보험을 파는 쪽'이 되는 일이었다. 확실하게 돈을 벌 수 있을 듯 보이는 옵션 매도 거래를 시작했다. 주식 시세가 일정 범위 내에 머문다고 예상하고 거래하는 것이다.

여기서도 초보자의 행운이 작용해 처음 두 번은 돈을 벌었다. 나는 시세의 회복이 느릴 것으로 생각해서 주가가 상승하지 않는 방향(매도)에 한동안 돈을 걸었다.

그러나 세 번째 거래에서 나는 주식시장에 한 방 먹고 말았다. 주식시장은 예상외로 계속 상승했다. 그전이라면 하락해도 이상하지 않은 수준에서, 하락해야 할 닛케이 평균 주가가 하락하지 않는다. 주가가 내려가야 할 부분에서 내려가지 않고 보합을 유지하다가, 며칠 기다리자 이번에는 쑥쑥 상승하는 것이었다.

나는 기도하는 심정이 되었다.

'주가가 왜 오르지?

지금은 불경기니까 앞으로도 주가는 계속 하락해야 하잖아. 조금만 더 참으면 내려갈거야. 제발 내려가라!'

그 괴로움은 아마 레버리지 거래로 큰돈을 잃어 본 사람이 아니면 모를 것이다. 주식 투자라면 평가액에 손실이 발생했을 때 그 금액이 대략 얼마인지 계산할 수 있지만, 레버리지를 낀 옵션거래에서는 주가가 예상과 반대로 움직이면 미리 짐작할 수 없을 만큼 큰 손실이 발생한다. 포지션을 들고 있어도 지옥, 손절해 버리는 것도 지옥…. 그런 상태에 내몰리는 것이다.

나는 '몇만 엔의 이익'을 생각하고 거래했지만, 주가는 예상과 반대 방향으로 움직였다. 무지막지하게 불어나는 손실이었다. '빚을 질 수는 없다' 옵션 가격은 그 아슬아슬한 선에서 설정한 손절 지점에 턱 다다랐다.

그때까지 모니터에 표시되던 빨간색 마이너스 숫자가 한순간 0이 되고, 대신 증거금이 아주 소액으로 줄어들었다. 너무나도 차갑게 로스컷이 이루어진 현실을 받아들이지 못하고 나는 한동안 화면 앞에 멍하니 앉아 있었다.

눈 깜짝할 사이에 일어난 일이었다.

주식은 멘탈이다

결국 내 옵션거래 도전은 50만 엔을 잃고 끝났다.

리먼 사태로 입은 손실, 그 후 한 방을 노린 닛케이 옵션거래의 참패…. 나는 투자금을 전부 잃었다. 그것은 곧 당시 내 전재산을 잃었다는 뜻이었다.

폭락에 말려들면 정신도 불안정해진다. 일하는 동안에도 주식 투자로 날린 손실만 생각했다. 일본계 기업에서 20대 젊은 사원의 월급은 20만 엔대이니 하루를 일해도 1만 엔을 벌까 말까 한다. 1년 넘게 일만 해도 메우지 못할 금액을 지난 반년 동안 잃은 것이다.

기운을 차릴 수 없었다. 입사했을 때부터 계속했던 투자가 전부 물거품이 되었다는 사실이 슬퍼서 견딜 수 없었다. 20대에 500만 엔의 손실은 꽤나 크다.

'어차피 주식으로 잃을 돈이었다면 펑펑 써 버릴걸. 주식으로 잃은 만큼의 돈이 있었다면 뭘 할 수 있었을까? 여행도 갈 수 있었을 테고. 외식도 많이 했겠지.'

소용없는 짓이라는 것을 알면서도 매일 계산기를 꺼내 들고 그 돈을 무엇을 할 수 있었을지 생각했다. '해외여행에 30만 엔, 외식에 10만 엔을 썼다면…. 신발과 가방도 새로 살 수 있었을 텐데….' 쓸데없는 생각을 계속했다. 마치 떠나간 여자를 잊지 못해 상심한 남자처럼….

참고 리먼 사태 때의 닛케이 평균 주가 차트

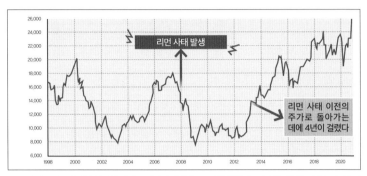

2007년 미국의 주택 버블 붕괴를 계기로 시작된 세계적 규모의 금융위기. 미국 투자은행 리먼 브라더스가 거액의 손실로 도산했다. 미국 주식의 폭락은 일본 시장에도 영향을 미쳐 18,000엔이었던 닛케이 평균 주가가 한때 6,000엔대(6,994.90엔)까지 폭락했다. 회복에는 4년 이상이 걸렸다.

　지금 다시 생각해도 한심하기 짝이 없지만, 투자 초보였던 당시의 나는 그저 수중의 돈을 잃었다는 사실에 낙담했다.

　그 후 한 달 정도 침울하게 지냈던 것 같다. 그러나 투자자란 침울하다가도 조금 시간이 지나면 다시 모험심이 끓어오르는 종족이다. 한 번 크게 패배한 주식 투자의 세계에 다시 도전해 보자는 마음이 솟아난 것이다.

밑바닥에서 만난 '인생 역전' 주식 명언

　우선 내가 한 일은 그때까지의 투자 방법을 복기하듯 돌아보는 것이었다.

주식은 멘탈이다

지금까지 투자를 하면서, 어떤 부분이 잘못되었을까. 리먼 사태라는 예상치 못한 변수가 일어난 것은 사실이다. 그러나 하락이 본격적으로 시작된 2008년 후반에는 닛케이 평균 옵션 거래에 손을 대는 등, 나 자신이 허둥대며 무모한 거래를 해서 자산을 필요 이상으로 날린 것은 사실이다.

돌아보면 당시 내게는 주식 투자에 필요한 침착함이 하나도 없었다. 주식을 매매할 때 처음부터 흥분한 상태로 들어간 것이다. 그리고 주가가 오르면 곧바로 이익을 확정하고 내리면 그대로 묵혀 둔다.

전형적인 '실패하는 트레이딩'이 습관화가 되었던 것이다.

수단과 방법을 가리지 않고 이 습관을 철저히 없애야 똑같은 일이 반복되지 않을 것이다.

'지금 방법으로는 안 돼. 폭락했을 때 계속 허둥거리지 말아야 해.'

이렇게 반성한 나는 안정적인 주식 투자를 이어나갈 방법을 계속 생각했다.

'어떻게 하면 기존의 내 투자 방법을 바꿀 수 있을까?'

주위에 주식 투자를 잘 아는 사람이 없었기 때문에 대신 주식에 관한 책을 닥치는 대로 읽었다. 전문 서적을 읽는다고 해서 주식 투자에 성공한다는 보장은 없지만, 당시에는 주식 투자를 계속하기 위해 마음의 버팀목이 필요했다.

투자에 관련된 다양한 책을 읽었는데, 그중 특히 규에이칸(邱永漢)의 저서에서 배울 점이 있었다. 일본 통치하의 대만에서 태어난 규에이칸은 '돈벌이의 신'으로 불린 인물이며 경제평론가와 경영컨설턴트로 활약했다.

'주식 투자로 버는 돈은 기다림에 대한 보상이다.'

특히 인상에 남는 명언은 이것이었다.

'주식을 살 때는 사고 싶은 가격이 될 때까지 기다리고, 주가가 일시적으로 그보다 하락하면 다시 오를 때까지 기다리고, 팔고 나서는 금방 다시 포지션을 취하지 않고 기회가 올 때까지 기다린다.'

투자는 기다림의 연속이라는 이야기다.

'계속 기다린 대가가 바로 이익이다'라는 사고방식은 내게 충격을 줬다.

그전까지 내 투자 방법은 투자 타이밍을 재며 기다릴 줄 모르고, 사고 싶을 때 사고, 팔고 싶을 때 파는 것이었다. 이익이 조금 발생하면 그 이익을 확정하고, 손실이 발생하면 물을 타거나 묵혀 뒀다.

애초에 '방법'이라고 부를 만한 것이 못됐다. 그저 마음 가는 대로 감각에 맡기고 주식을 사고팔았을 뿐이다. 내가 투자에서

주식은 멘탈이다

조금 잘 나가는 것처럼 보였던 원인은, 그저 운 좋게 리먼 사태 전에 시장이 상승세를 타서 누구라도 돈을 벌 수 있었기 때문이었다.

기존의 내 방식으로는 아무리 해도 이익이 적고 손실이 큰 투자 패턴이 되기 쉬웠다. 그 방식을 계속 유지했다면 리먼 사태가 오지 않았다고 가정해도 언젠가는 손해를 봤을 것이다.

'직장인의 강점'을 살린 투자 방법

어떤 책을 들여다봐도 내가 기본을 갖추지 못한 투자자라는 사실이 너무나도 분명했다. 내가 하고 있던 행동은 전형적인 '망하는 투자자'의 거래 방법이었다.

아무리 슬퍼해 봤자 이미 잃은 돈은 돌아오지 않는다. 투자에 다시 한번 도전할 것이라면 다음 행동을 취해야만 한다.

한 번 패배를 맛본 후 주식시장에 재도전하는 것이니 이번에는 무리하지 않는 투자 방법을 선택해야 했다. 그전처럼 적당히 매매해서는 잘되지 않는다는 사실을 배웠으니 내 처지에 맞는 투자 방법을 확립할 필요가 있었다.

거기서 나는 깨달았다. 직장인이라는 강점을 살려서 자산을 늘릴 방법은 없을까?

나는 리먼 사태로 재산을 잃었지만, 다행히 직장에 다니기 때문에 매달 정기적으로 수입이 들어온다. 전업 투자자라면 자산이 떨어진 순간 시장에서 물러날 수밖에 없지만, 겸업 투자자는 계속 투자하는 한 언젠가 기회가 온다. 그렇게 생각하자 투지가 솟아났다.

처음에는 손실을 단숨에 만회하기 위해 자산을 배로 불리는 일이 가능한 단기 투자에 도전해 봤다. 그러나 단기 투자의 난도는 사실 아주 높다는 사실을 깨닫게 됐다.

시시각각 변하는 시세 속에서 내가 항상 돈을 버는 방법을 생각해 내기는 정말로 어렵다. 자금과 경험이 나보다 풍부한 세미프로 개인투자자와 기관투자자(컴퓨터 트레이딩을 이용)가 모니터 너머에 있다. 이 사람들의 동향을 읽어내고 곧바로 대응해야 하는 단기 투자는 주식 초보일 뿐 아니라 직장인인 내게는 맞지 않는다고 판단했다.

그래서 나는 단기적인 시장 환경에 좌우되지 않는 장기 투자를 노리기로 했다. 그리고 목표도 정했다. 그전에는 그저 막연히 투자를 했지만, 이번에는 우선 '50세까지 자산 1억 엔'을 목표로 삼기로 했다.

매년 수입의 일부를 최우선으로 투자 자금으로 돌리면 20년 동안 2,000만에서 3,000만 엔은 가능할 것이다. 만약 실패해도 대략 1,000만 엔은 남을 것이고, 대성공한다면 1억 엔을 만들 기회. 퇴직금도 합치면 그 후로 여유 있게 생활할 수 있는 자산이 모인다.

'이 방법이라면 리스크와 리턴 중에서 리턴이 더 크다'라고 새삼 판단했다.

500만 엔을 날렸을 때는 확실히 타격이 컸지만, 그래도 아직 시간이 있으니 앞으로 천천히 만회해 나갈 수 있다면 그것으로 충분했다. '20대에 폭락에 말려들어 자산을 잃는 일은 40대나 50대에 큰 손실을 보는 것보다 훨씬 나아'라고 긍정적으로 생각하기로 했다.

사실 리먼 사태 탓에 손해를 보기도 했지만, 리먼 사태 덕분에 종잣돈을 만들 수도 있었다.

당시 주식시장은 침체되어 있었다.

고가에 주식을 샀던 사람이라면 증권 계좌에 로그인하기도 싫을 정도로 주가가 낮았지만, 새로 구입하는 내게는 기회라고 할 수도 있었다. 경제의 앞날은 깜깜하고 민주당 정권에서 주가가 상승할 만한 소재는 하나도 없는 리먼 사태 후의 시장에서는 모든 종목이 엄청나게 쌌다. 배당률로 봐도 5% 정도를 주는 우량 종목들이 널려 있었다.

당시에는 그래도 실적 악화 때문에 앞으로 배당금이 줄어들 것이라는 소문이 돌았기 때문에 배당률이 높은 종목들도 파리가 날렸다.

배당금이 한번 결정되면 기업은 그 금액을 어떻게든 유지하려 한다. 상장기업의 재무 체질은 불경기가 좀 찾아온다고 해서 회사가 휘청거릴 정도는 아니다. 그때까지 축적한 사내유보금(개인으로 치면 은행 예금이라고 할 수 있다)이 있으므로 그것을 활용해서 동일 수준의 배당을 지속할 수 있다. 나는 '배당률이 5%인 종목을 100만 엔어치 사면 5만 엔이 안정되게 들어온다'라고 판단하고 월급이 들어올 때마다 일정한 금액을 주식에 투자했다.

당시 산 종목은 아마노(6436), 일본 맥도날드홀딩스(2702), 마니(7730) 등이었다.

'눈 딱 감고 계속 주식을 사는' 마인드의 형성

운이 좋았던 점은 리먼 사태 후로 주가가 오르지 않고 4년 정도 매우 저렴한 수준을 유지한 것이다.

이 4년 동안은 매달 들어오는 월급의 일부와 보너스를 끊임없이 주식에 투자했다. 당시는 배당률이 높았기 때문에 배당으로 들어오는 금액이 점차 늘어난 것도 투자를 계속하는 원동력이 되었다.

주식은 멘탈이다

당시 세간에서는 '지금은 100년에 한 번 오는 큰 불황'이라고 했지만 나는 그렇게 생각하지 않았다. 일본의 지난 100년간을 돌아보면 더 힘든 시기가 있었을 것이다.

100년 전은 러일전쟁이 끝난 직후였다. 관동대지진, 태평양 전쟁, 오일쇼크, 버블경제 붕괴, 금융 불안…. 내 부모, 조부모, 증조부모의 세대는 커다란 고난들을 극복하고 지금의 일본 경제를 만들어냈다. 내게는 역사 속의 사건들일 뿐이지만, 상상력을 조금만 발휘해서 비교해 봐도 리먼 사태가 100년에 한 번 일어날 만큼 큰일이라는 생각은 들지 않았다.

삼시 세끼 배부르게 먹을 수 있고, 폭탄이 떨어지지도 않고, 소매치기나 날치기를 당하지도 않는다. 매일 별 탈 없이 일상을 보낼 수 있는데, 이 정도의 불황에 호들갑을 떨며 '100년에 한 번'이라고 말하는 것은 선조들에게 실례다. 주가가 하락한 것은 사실이지만 일본 경제가 그대로 침몰할 것이라고는 도저히 느껴지지 않았다.

리먼 사태 3년 후 동일본대지진으로 주가는 다시 폭락했다.

그러나 투자를 다시 시작한 지 3년이 지났던 나는 '눈 딱 감고 주식을 산다'라는 마인드를 갖추고 있었다.

당시는 아직 자금이 많지 않아서 폭락했을 때 대규모로 사들일 수는 없었다. 그래도 폭락 국면에서 당황해 허겁지겁 팔아

치우는 일은 없었고 평상심을 유지하며 신중하게 계속 주식을 구입했다.

원전에서 방사성 물질이 유출되어 투자할 만한 상황이 아니라고들 할 때도, 계획정전이 이루어질 때도 계속 투자했다.

그리고 2012년 말부터 아베노믹스가 시작되었다.

민주당 정권이 끝나고 아베 총리가 이끄는 자민당이 정권을 탈환한 후 도입한 금융 완화 정책이 좋은 반응을 얻어 주가가 단숨에 상승했다. 결과적으로는 조금 이른 시기에 판 것 같기도 하지만 그때까지 배당금을 목적으로 보유하고 있던 J-REIT(부동산 투자신탁)도 상승한 덕분에, 운이 좋게도 아베노믹스 시작 전에 700만 엔 정도였던 자산을 아베노믹스 초기의 폭등으로 1,500만 엔까지 늘릴 수 있었다.

그 후로는 안정되게 자산을 늘릴 생각을 하게 됐다. 주주우대(株主優待)와 배당금을 어느 정도 받을 수 있는 구조를 만들면서 성장주로 수익을 올리는 스타일을 지향하게 된 것이다.

아베노믹스 시세가 이어지는 동안 일정한 배당금을 받으면서 주가가 몇 배로 뛰는 성장성 높은 종목에 투자했다. 내 투자의 리듬은 그렇게 정리되기 시작했다. 리먼 사태로 크게 당한 경험을 살려 이익만 추구하는 것이 아니라 배당금을 받는 종목을 중심으로 포트폴리오를 구성하는 등, 자산 규모가 늘어나면

주식은 멘탈이다

서 조금씩 수비적인 종목도 넣기 시작했다.

주식 투자의 승패는 '멘탈'이 결정한다!

그 후에도 2016년의 차이나쇼크 등 거의 매년 폭락이 일어났다. 그러나 주가가 내려갈 때마다 '주식 투자로 버는 돈은 기다림에 대한 보상이다'라는 말을 마음속으로 되뇌었다.

주식시장은 다양한 이유로 폭락하지만, 그때그때 이유는 그저 계기일 뿐이고 원래 정기적으로 폭락하는 것이라고 생각하면 된다.

폭락하는 이유를 자세히 분석하기보다 폭락은 피할 수 없는 것, 반드시 일어나는 것이라고 생각하는 편이 좋다. 이유의 분석은 평론가가 할 일이고, 투자자가 할 일은 그저 '그러면 어떻게 대응해야 할까?'를 생각하는 것뿐이다. 주가는 폭락할 때마다 항상 꿋꿋하게 회복하므로, 이번에도 언젠가는 회복할 것이라고 단순하게 생각하는 일도 중요하다.

주가가 크게 폭락하는 것은 실물경제가 일시적으로 부진하거나, 또는 부진해질 것이라고 여겨서 사람들이 불안해할 때다. 정권의 동요, 경제 혼란, 자연재해, 그 외에 테러 등의 사건이 일어나면 시장이 출렁이고 폭락이 일어난다.

SECTION 1 '승리하는 투자자'가 되기 위한 사고방식과 멘탈 그 소용돌이 속에 있다 보면 실물경제가 부진한 눈앞의 상황이 아무래도 신경 쓰이고 주가가 이대로 회복되지 못할 듯 느껴지게 된다. 그러나 실물경제는 현실을 유연하게 받아들여 다시 성장 국면으로 돌아서는 법이다. 아무 근거도 없이 적당히 이야기를 늘어놓는 직업인 평론가와는 달리, 실체가 있는 세상에 속하는 사회는 변화하는 환경 속에서 필사적으로 살아남기 때문이다.

가령 상장기업이 환경의 변화에 적응하지 못한다면 주식 투자를 생각할 필요조차 없을 것이다. 나는 그전까지의 투자 경험을 통해 '각오하고 버티면 된다'라고 생각하게 됐다.

나는 현물 투자만 하므로 시장에서 물러날 일은 없다.

신용거래는 담보로 잡힌 주식의 주가가 하락해 담보 가치가 내려가면 추가증거금(현금)을 증권 계좌에 넣어야 한다. 추가증거금을 입금하지 못하면 보유한 주식이 강제 매매되어 거액의 손실을 입고, 주식시장에서 물러나야만 하는 비참한 사태로 이어질 수도 있다.

그러나 내가 실천하고 이 책에서도 권장하는 현물거래는 누가 어떤 수작을 부리든 내가 시장에서 물러날 일은 없다. 주식시장에서 100% 확신할 수 있는 일은 없지만 현물 투자만으로 파산하는 일은 이론적으로나 현실적으로나 없다.

수많은 실패를 통해 배운 나는 어느샌가 주가가 내려가면 절대 당황하지 않고 '떨어질 테면 떨어져라! 얼마든지 사줄 테니!'라고 생각하게 됐다.

상장 주식에 대한 기본적인 투자 정보는 전부 공개되어 있다. 금융상품거래법, 회사법 그리고 거래소 규칙은 상장기업이 정해진 정보를 정해진 시기까지 모두 제출하도록 규정하고 있다. 가령 부동산 투자의 경우와 같이 일부 투자자만 알짜배기 정보를 안다면, 성공하기 위해서는 우선 '우리끼리만 아는 이야기' 즉 내부정보를 입수할 필요가 있을지 모른다. 그러나 주식투자에는 들어맞지 않는 말이다.

옛날에는 증권맨에게서 내부정보를 입수하는 것도 주식투자자의 실력에 해당했지만, 지금은 완전한 범죄 행위다. 증권회사도 정보를 엄격히 통제하고 상장기업도 정보를 엄격히 관리하게 되었기 때문에 일반인이 내부정보를 입수하는 일은 불가능하다. 그러니 투자자들은 모두 똑같은 정보를 가지고 똑같이 투자하는 것이다. 그런데도 성공하는 사람과 실패하는 사람이 갈린다.

지금은 정보의 원천이 다양해서 정보 수집을 위해 노력만 하면 회사의 실적이 상승하고 있는지 하락하고 있는지 알아보는 일 자체는 아주 쉽다. 개인투자자가 인기 종목을 꼼꼼히 소개하는 블로그도 많다. 그것도 넓은 의미로 공개 정보라고 생각하면 수익을 올릴 수 있는 종목은 전부 공개되어 있다고 말할 수 있다.

매매 기법도 모두 공개되어 있다고 할 수 있다. 투자 스타일은 천차만별이지만 크게 보면 가격 변동을 주목하며 시세차익을 얻는 단기 거래와 기업 가치가 상승할 때까지 주식을 보유했다가 그 결과로 주가의 상승에서 이익을 얻는 중장기 투자로 나뉜다.

이 책을 집필하면서 《닛케이 머니》, 《다이아몬드 ZAi》라는 주식 투자 잡지와 초보자들을 위한 주식 투자 서적을 여러 권 읽었는데, 투자 방법에 대해서 자세히 설명되어 있었다. 인터넷에도 투자 방법을 자세히 설명해 주는 고마운 분들이 많다. 돈이 될 듯한 종목에 대한 정보도 공개되어 있고, 투자 방법도 거의 공개되어 있다.

이렇게 평등한 조건에서 똑같이 종목을 매매하는데도 돈을 버는 사람과 잃는 사람이 갈리는 것은 무엇 때문일까? 여기에 주식 투자의 최대 비밀이 숨어 있다.

'왜 주식 투자에서 승리하는 사람과 패배하는 사람이 나뉘는가?'

나는 이 의문에 대해 자신의 투자 경험을 살려서 생각해 봤

주식은 멘탈이다

다. 그리고 그 결과로 이런 결론을 내렸다.

'성공하는 투자자와 실패하는 투자자의 차이는 바로 멘탈이다.'

더 자세히 말하면 이렇다.

'소비자의 평범한 멘탈에서 투자자의 멘탈로 전환하는 것이 승패의 갈림길이 아닐까?'

주식 투자는 언제라도 시작할 수 있는, 진입장벽이 낮은 투자다. 그러나 쉽게 시작할 수 있는 만큼 투자자로서 필요한 멘탈을 갖추지 못한 채 투자에 임했다가 전형적인 실패를 저지르는 사람이 많다.

옛날에 나도 그랬다. 주가 변동에 우왕좌왕하며 정신이 불안정해지고, 서둘러 팔았다가 손해를 보기도 하고, 반대로 주가가 오른 것을 보고 과감하게 팔았다가 그 후의 더 큰 급등을 놓치기도 했다. 한마디로 아무런 투자 원칙이 없이 내 마음대로 그저 주식을 사고팔았을 뿐이다.

나는 내가 강사를 맡은 주식 세미나에서 내 실패를 적나라하게 고백하는데, 비슷한 실패 경험이 있는 투자자가 얼마나 많은지 모른다.

성공하는 방법은 사람마다 다르지만, 실패하는 방법에는 공통점이 있다.

•

이 책에서는 현역 겸업 투자자인 내가 지금까지 경험한 투자의 실패담과 거기서 배운 교훈을 정리했다.

나는 독자 여러분보다 조금 앞서서 달리고 있는 투자자일 뿐이며, 아직 공부하는 처지다. 지금도 때로 큰 실수를 한다. 말하자면 나는 '2류 투자자'다. 그런데도 주식 투자로 착실히 재산을 불릴 수 있었던 것은 앞에서 쓴 대로 '투자자의 멘탈'로 전환한 덕분이다.

독자 여러분도 1류 투자자를 목표로 삼을 필요는 없다. 2류 투자자라도 충분히 승리할 수 있다.

거기에 필요한 것은 '진짜, 진짜로 패배하는 투자 방법'에서 탈출하는 것이다.

이 책이 전하는 메시지는 앞으로 투자를 시작하려는 사람, 또는 이미 투자를 하고 있지만 잘 풀리지 않는 사람들이 불필요한 실패를 피하고 성장에 걸리는 시간을 훨씬 단축한다는 의미로 반드시 도움이 될 것이라고 믿는다.

말하자면 이 책은 주식 투자에 면역이 없는 초보자를 위한 '예방주사'다. 이 책은 포스트 코로나 시대의 주식 투자에서 백신이 될 것이다.

그 결정적인 요소는 '멘탈'이다.

참고 나의 주식 투자 경험

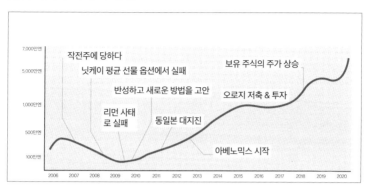

주식 투자 초기의 실패 경험을 바탕으로 습득한 중장기 투자 방법을 통해, 2010년 이후로는 시장 환경의 변화에 영향을 받지 않고 순조롭게 자금을 늘려 나갔다.

'주식 투자의 승패는 멘탈이 결정한다!'

그러면 실제로 '투자자 멘탈'로 전환하기 위해, 돈을 버는 주식 투자자가 되기 위한 멘탈을 살펴보자.

SECTION 1 '승리하는 투자자'가 되기 위한 사고방식과 멘탈

참고 필자가 보유한 주식 종목 일람

종목	보유 주수	매수 단가	현재 주가	평가 손익
히노키야그룹(1413)	300	1,375	2,566	355,500
에이지아(2352)	200	857	2,130	254,600
가카쿠콤(2371)	500	1,696	3,410	857,000
데마이라즈(2477)	800	4,988	6,420	1,145,600
NF Intl REIT S&P Dev REIT Idx(ex JPNH) ETF(2515)	1,700	902	1,158	435,200
피클스 코퍼레이션(2925)	100	2,150	3,230	108,000
MonotaRO(3064)	600	1,942	2,575	379,800
Hamee(3134)	2,800	1,107	1,681	1,607,200
그림스(3150)	3,000	1,036	1,812	2,328,000
핫랜드(3196)	100	1,135	1,408	27,300
GA TECH(3491)	1,000	2,857	2,023	△834,000
에니그모(3665)	800	1,242	1,423	144,800
SHIFT(3697)	100	1,155	16,830	1,567,500
라쿠스(3923)	2,800	912	2,261	3,777,200
IR Japan HD(6035)	200	296	13,830	2,706,800
신프로메인트 HD(6086)	3,300	509	978	1,547,700
옵토런(6235)	600	2,632	2,536	△57,600
노무라 마이크로(6254)	500	686	3,850	1,582,000
기켄 제작소(6289)	600	4,216	4,555	203,400
레이저테크(6920)	100	8,835	20,630	1,179,500
GMOFHD(7177)	2,000	587	848	522,000
이개런티(8771)	800	1,568	2,260	553,600
스타츠 PR(8979)	1	161,133	243,800	82,667
실버 라이프(9262)	100	2,045	2,419	37,400
닛폰BS방송(9414)	100	977	1,111	13,400
NF Intl REIT S&P Dev REIT Idx(ex JPNH) ETF(2515) ☆	250	960	1,158	49,500
Hamee(3134) ☆	500	587	1,681	547,000
SHIFT(3697) ☆	300	4,970	16,830	3,558,000
라쿠스(3923) ☆	1,200	205	2,265	2,472,000

※주가와 평균 손익은 2021년 6월 중순 기준. ☆는 NISA(*한국의 ISA와 비슷한 세금 혜택 제도) 계좌에 있는 종목. 현재 보유 종목은 25종목이다. 큰 수익(평가 수익)이 발생한 종목을 포함해, 2종목을 제외하고 전부 수익(평가 수익)이 발생했다. 현재 평가 수익은 2,700만 엔 초반, 총자산은 7,000만 엔 이상이다.

주식은 멘탈이다

멘탈 투자법
기초편

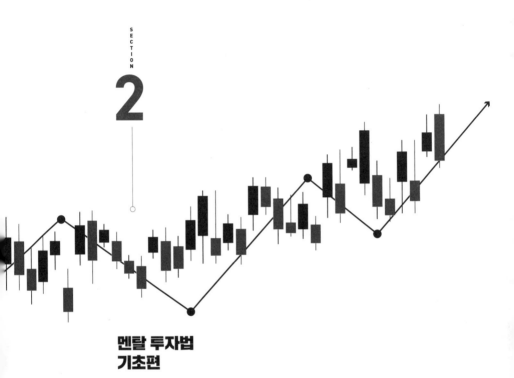

**멘탈 투자법
기초편**

주식 투자만큼
안전한 것은 없다

"주식 투자를 시작해 보고 싶지만, 손해를 볼까 겁나서 시작할 수가 없어요."

"주식 투자는 어차피 오르느냐 내리느냐를 놓고 돈을 거는 도박이나 마찬가지잖아요. 위험하니까 손대지 않을래요."

이처럼 주식 투자에 대해 잘못된 이미지를 가진 사람들도 있을 것이다.

나는 지금 '잘못된 이미지'라고 확실하게 단언했다. 주식 투자는 결코 도박이 아니기 때문이다. 도박커녕, 주식 투자만큼 안전하게 자산을 늘릴 수 있는 수단은 없다.

이렇게 말하면 "무슨 속 편한 소리야. 주식으로 망한 사람이

SECTION 2 멘탈 투자법 기초편

얼마나 많은데…"라는 반론이 나올 법한데, 알고 보면 주식 투자만큼 안전성이 높은 자산운용 수단은 없다.

나 같은 직장인 겸 투자자가 주식 투자로 자산을 늘리기 위해서는, 다시 말해 '돈을 버는 투자자(반대로 말하면 손해 보지 않는 투자자, 실패하지 않는 투자자)'가 되기 위해서는 투자 기술 이상으로 사고방식과 멘탈의 조절이 중요하다. 우선은 주식 투자에 대한 잘못된 이미지를 버리고 올바른 주식 투자의 진정한 모습을 배우기 위해 주식 투자와 도박의 차이를 이해할 필요가 있다.

그것이 주식 투자에서 실패하지 않는 '투자자 멘탈'로 전환하는 첫걸음이다.

도박은 제로섬 게임

세상에는 도박 외에도 돈벌이에 대한 이야기가 넘쳐난다.

대부분은 수상쩍은 이야기이지만, 어쨌든 돈을 벌기 위해서는 냉철하게 거래의 구조를 파악하고 '돈을 벌 가능성이 얼마나 되는가?'라는 기댓값(돈을 벌 확률)을 확인해서 승률이 낮은 거래를 가능한 한 피하는 일이 중요하다. 욕심을 버리고 침착하게 판단하면 위험한 거래에 다가갈 일이 없다.

일본에서 인정되는 도박은 공영 경기(경마, 경륜, 경정, 오토레이

주식은 멘탈이다

싱), 파칭코와 파치슬롯(*슬롯머신과 원리가 비슷한 도박 기계이며, 파칭코는 구슬, 파치슬롯은 메달을 사용한다 - 옮긴이), 복권인데 모두 승률이 낮다. 이러한 도박은 주최자가 가져가는 몫이 설정되어 있어서 오래 머물면 머물수록 착취당하는 액수가 늘어나고 결과적으로 질 가능성이 높아진다.

공영 경기의 판돈 중 25%(오토레이싱은 30%)는 운영 단체가 가져간다. 예를 들어 경마에서는 투표 마권의 전체 금액이 100만 엔이라고 치면, 그중 75만 엔밖에 돌려받지 못한다. 25만 엔은 항상 운영 단체인 JRA가 떼어가는 것이다. 돈을 걸 때마다 75%로 줄어드니, 냉철하게 계산해 보면 돈을 걸면 걸수록 자산이 줄어든다는 사실을 알 수 있다.

파칭코와 파치슬롯의 환원율은 공표되지 않았기 때문에 추측의 영역에 머물 수밖에 없지만 대략 85% 정도라고 한다. 85%라는 숫자는 다른 도박과 비교하면 높지만, 그래도 15%는 가게 소유자에게 착취당하는 것이다.

애초에 프로라면 몰라도 일반인이 파칭코나 파치슬롯을 오랫동안 해서 재산을 마련했다는 이야기는 거의 들어 본 적이 없다. 반면 파칭코나 파치슬롯에 빠져서 빚을 졌다는 이야기는 많이 듣는다.

복권의 환원율은 45% 정도다. 매년 점보 시즌이 되면(*일본에

SECTION 2 멘탈 투자법 기초편

서 가장 유명한 '점보 복권'은 1년에 다섯 번 발매됨 - 옮긴이) 일확천금을 꿈꾸며 복권 판매소 앞에 줄을 서는 사람들이 보이는데, 그중 당첨이 되어 억만장자가 되는 사람은 1,000만 명 중 한 명이다. 평생 복권을 사도 당첨되지 않을 가능성이 더 높다. 결론만 말하면 산 만큼 손해를 보는 것이(열 장을 사면 한 장 정도의 금액은 돌아오지만) 복권이다.

도박의 특징은 한마디로 '제로섬 게임'이라는 것이다. 다시 말해 누가 이기든 그만큼 누군가가 손해를 보는 성격의 거래다. 물론 이기는 경우도 있지만, 프로가 아닌 일반인이 계속해서 이기는 일은 거의 불가능하다.

도박과는 조금 다를 수 있지만 '도박과 같은 거래'라는 의미로는 단기 거래(데이트레이드 등)도 마찬가지일지 모른다. 주식, FX 마진거래, 선물 등 단기 거래의 환원율은 100%에 가깝다. 다만 투자자가는 1년간의 총수익 중 약 20%를 세금으로 내야 한다. 게다가 실제로는 거래할 때마다 스프레드(매수와 매도의 차이), 매매 수수료, 금리, 기타 수수료가 붙기 때문에 자금이 점점 깎여 나가는 여건 속에서 승부를 보게 된다.

단기 거래는 난도가 높지만, 결코 이길 수 없는 거래는 아니다. 실제로 계속 수익을 올리는 투자자도 있다. 그렇다고는 해도 자금과 정보 면에서 모두 압도적 우위에 있는 '프로' 기관투

주식은 멘탈이다

자자도 참여하는 시장이니만큼 '눈 뜨고 코 베이는 무서운 곳'
이며, 여기서 승리해 살아남는 데에는 상당한 실력이 필요하다.

주식, FX 마진거래, 선물 등의 단기 거래도 말하자면 제로섬
게임이다. 누군가가 이기면 그만큼 누군가가 진다. 자산운용(자
산 늘리기)이라는 관점에서 보면 이러한 도박, 또는 도박에 가까
운 거래는 손대지 말아야 한다.

중장기 투자는 50% 이상의 확률로 이기는 승부

그러면 주식 투자는 어떨까?

데이트레이드 등의 단기 거래는 별개로 치고 연 단위로 거래
하는 중장기 투자라면 자산이 늘어날 확률이 훨씬 높아진다.
도박과는 다르게 승리할 수 있는 것이다.

기업들은 경제 활동을 통해 계속 이익을 창출하므로 성장 기
업이라면 중장기적으로는 주가 상승, 배당금, 주주우대라는 형
태로 투자에 대한 이익을 돌려줄 수 있다. 물론 실적이 나쁜 기
업이라면 그렇게 안 되지만, 종목을 잘 선정해서 성장성이 있는
주식을 구입하기만 하면 주가는 점점 상승한다.

시장 전체를 봐도 경제가 계속 성장하는 한 주가는 상승한
다. 미국을 비롯해 어느 나라의 지수를 봐도 경제가 성장하는

SECTION 2 멘탈 투자법 기초편

■ '미국 다우지수' 차트

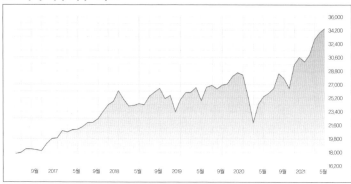

경제 성장이 계속되는 미국의 주식시장은 우상향이다. 2020년 코로나 사태의 충격도 흡수해서 (2021년 5월 말)도 고가를 경신하고 있다.

나라의 주가는 우상향이다. 버블경제 붕괴 후 한동안 하락 또는 보합이었던 일본의 주가조차 현재(2021년 6월 기준)는 닛케이 평균 3만 엔 부근까지 회복했다. 기본적으로 자본주의 경제란 확대 재생산을 통한 성장을 전제로 삼기 때문에 전체 주가도 함께 상승하는 것이 이치에 맞는다.

이 원칙을 알면 주식 투자는 도박과 완전히 다르다는 사실을 이해할 수 있다.

도박이 제로섬 게임이라면 주식 투자는 이길 확률이 50% 이상인 '플러스섬 게임'이다. 시장 전체가 우상향이므로 종목만 제대로 고르면(매수 타이밍의 문제도 있지만) 기본적으로는 높은 확률로 성공하는 것이 중장기 주식 투자다.

●

주식은 멘탈이다

다만 주식 투자와 도박은 성질이 다르다고 해도, 앞에서 설명한 바와 같이 데이트레이드를 비롯한 단기 투자는 역시 승률이 낮다. 주가는 단기적으로는 무작위로 움직이기 때문에 실적이 좋은 기업의 주식이라도 단기적으로는 값이 내려가는 일이 흔하다. 그러므로 단기 거래는 성공과 실패의 확률이 반반인 도박에 가깝다고 할 수 있을지 모른다. 같은 주식 투자라도 단기 거래와 중장기 거래는 완전히 다른 게임이다.

도박은 하면 할수록 지는 게임이다. 반면 중장기 주식 투자는 기업이 벌어들이는 이익이 뒷받침해 주고, 기업은 기본적으로 매년 성장하므로 우리 같은 소위 아마추어 투자자도 50% 이상의 확률로 이길 수 있는 승부다.

돈은 그저 가지고만 있으면 줄어든다

'그래도 주식은 역시 겁이 나. 샀다가 주가가 떨어지면 돈이 점점 줄어드는 거잖아.'

여기까지 설명을 듣고 나서도 아직 주식 투자를 망설이는 분도 있을 것이다.

'주식은 도박'이라는 이미지가 한 번 생기면 쉽게 떨칠 수 없기 때문에 곧바로 주식 투자를 시작하지 못하는 것도 충분히 이해된다. 하물며 이미 주식 투자에서 손해를 본 경험이 있다면 '주식은 무섭다'라는 이미지를 없애기가 상당히 어려울 것이다.

여기서 한가지 질문하겠다. '돈을 쓰지 않고 계속 가지고 있으면 줄어들 일은 없다'라고 생각하는가?

'당연하지. 매달 월급의 일부를 은행에 넣으면 저금이 늘어나잖아?'

그렇게 생각해서 조금씩이나마 꾸준히 자산을 늘리려는 분도 있을 것이다.

하지만 과연 그럴까? 돈은 가지고 있기만 하면 줄어들지 않는 것일까? 월급을 성실하게 저축하면 자산을 형성할 수 있을까?

안타깝지만 그렇지 않다. 돈을 가지고 있기만 하면 실질적인 가치가 줄어든다. 저축한다 해도 지금과 같은 초저금리로는 자산 형성은 꿈에 불과할 뿐이다.

왜 그런지 이제부터 설명하겠다.

내가 주식에 투자하지 않는다고 해도 다른 누군가가 주식에 투자하는 한 자산 가치의 변동이라는 리스크를 피할 수는 없다. 절대적인 자산액(보유한 금액)은 달라지지 않아도 상대적인 자산액은 달라지기 때문이다.

가령 나와 내 친구가 100만 엔씩 가지고 있다고 하자. 친구

주식은 멘탈이다

는 그 100만 엔을 주식에 투자하고 나는 정기예금에 넣어 둔다. 이 경우 주가가 200만 엔으로 오르면 내 자산의 절대적인 가치는 여전히 100만 엔이지만 상대적인 가치는 친구보다 100만 엔이 적다(다만 반대로 주가가 50만 엔으로 내려가면 내 자산의 상대적인 가치는 50만 엔이 더 많게 된다).

자산 가치는 환율과 관련해서도 달라진다.

가령 은행에 100만 엔의 정기예금이 있고, 처음 예금을 넣었을 때 환율이 1달러에 100엔이었다고 하자. 이때 달러 기준으로 내 자산은 1만 달러다. 환율이 1달러에 80엔이 되면 내 자산은 달러 기준으로 100만 엔÷80=12,500달러의 가치가 된다. 반대로 1달러가 120엔이 되면 내 자산은 100만 엔÷120=8,333달러가 된다.

다시 말해 현금을 들고 있어도 내 자산 가치는 다른 금융상품이나 환율과의 관계에 따라 끊임없이 변동한다.

주식 투자는 무섭다며 은행 예금이나 보험 등의 금융상품을 통해서 자산을 운용하는 사람도 있을 것이다. 그런 사람들은 자신도 모르는 사이에 이율이 매우 낮은 금융상품을 구입하고 있다. 금리가 0에 가까운 정기예금이 그 전형적인 예다.

은행과 보험사 등의 금융기관은 예금자(출자자)가 맡긴 돈으로 다양한 금융상품(거래)을 구입해서 차익을 남긴다. 금융기관

SECTION 2 멘탈 투자법 기초편

이 벌어들인 수익 중 매우 일부만이 이자와 배당이 되어 예금자에게 돌아간다. 다시 말해 은행과 보험사는 내 돈을 이용해서 돈을 버는 것이다.

내가 맡긴 돈으로 얻은 이익은 대부분 금융기관으로 빠져나간다. 바꾸어 말하면 착취당한다.

돈을 은행에 맡기거나 보험에 넣거나 또는 장롱에 숨겨 둔다 해도 상대적인 자산 가치는 변동하며, 알게 모르게 이익을 착취당하는 것이다.

'100만 엔은 100만 엔의 가치가 있다'라고 믿고 있겠지만 실제로는 그렇지 않다.

상대적으로는 가치가 내려갔을 수 있다. 최소한 아무것도 하지 않으면 금액이 늘어날 일은 절대로 없다.

자산을 늘리고 싶다면 주식 투자가 답이다. 이미 설명했듯 주식 투자는 도박이 아니다. 경제 원칙의 관점에서 생각하면 주가는 상승하기 마련이다. 중장기 투자라면 50% 이상의 확률로 성공할 수 있으므로 시작하지 않을 이유가 없다.

자산을 축적하는 사람들은 주식 투자의 우위성을 전혀 의심하지 않는다. 오히려 주식 투자로 자산을 형성하는 일이 당연하다고 생각한다.

이것이 '상식'이라고 머릿속에서 자연스럽게 생각하게 되느

주식은 멘탈이다

■ 달러-엔 환율 차트

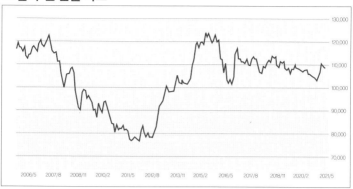

달러 대 엔의 시세는 변동환율제를 따라 항상 변동한다. 현재는 대략 1달러에 100엔~110엔 범위에서 움직이고 있다. 환율은 미일 양국의 경제 정책 등의 영향을 받아 변동한다.

냐 아니냐가 투자자로서 성공하는 갈림길이다. 우선 소액이라도 좋으니 '투자하는 것이 당연하다'라는 마인드를 가져 보자. 개별 종목 투자가 아니라 인덱스 펀드라도 좋다.

개별 종목의 선정이 어렵게 느껴질 경우, 인덱스 펀드(주식 지수에 연동되도록 설계한 종목 패키지)를 구입하면 전체 시장의 평균 이익을 얻을 수 있고 특정 기업의 실적을 신경 쓸 필요도 없다. 큰 이익을 추구하기보다 착실히 자산을 늘리고 싶은 분에게는 인덱스 투자를 권한다.

개별 종목 투자든 인덱스 투자든, 성공하는 투자자는 장기적인 자산 형성이 가능하다는 사실을 확신하고 주식에 계속 투자한다.

한 번 잘 생각해 보자.

'주식만큼 안전한 자산은 없다.'

그렇게 생각할 수 있게 되었다면 '투자자 멘탈'로 전환했다는 증거다.

주식은 도박이 아니다!!

◆ 〈**도박**(경마, 경륜, 경정, 오토레이싱, 파칭코, 파치슬롯, 복권)〉
  ⇨ 제로섬 게임
◆ 〈**단기 거래**(주식, FX 마진거래, 선물)〉 ⇨ 도박에 가까운
  제로섬 게임
◆ 〈**현금, 저금**〉 ⇨ 상대적인 자산 가치 변동의 리스크
◆ 〈**연 단위 중장기 주식 투자**〉 ⇨ 승률 50% 이상의
  플러스섬 게임

결론	주식만큼 안전한 자산은 없다 장기적인 자산 형성이 가능하다

맛있는 라면 가게의 주식은
왜 돈이 될까?

무엇을 기대하고 주식 투자를 시작하는가?

이미 주식 투자를 시작했다면, 그 종목을 매수하는 이유는 무엇인가?

목적은 돈을 버는 일이다. 다시 말해 매수한 주식의 값이 올라서 수익을 얻는 일이다. (※이 책에서는 현물거래를 전제로 이야기하고 있으므로, 신용거래의 공매도 등 가격 하락으로 수익을 얻는 방법은 생략한다.)

그러면 주가는 왜 오를까?

"그 종목을 원하는 사람, 사려는 사람이 많으니까요."

그렇다.

기본적으로는 꼭 주식이 아니더라도 그 상품을 원하는 사람이 많으면 많을수록 가격이 올라간다.

옛날 오일쇼크 때의 유가 상승, 코로나 사태 때의 마스크 가격 상승 등이 그 예다.

요컨대 사려는 사람(수요)이 팔려는 사람(공급)보다 많으면 가격이 오른다. 이것은 수요와 공급의 관계로 인한 가격 변동이다. 그러면 주식에서 '원하는 사람이 많은' 주식이란 어떤 주식일까?

가령 제약회사가 신약을 개발하는 등의 재료(뉴스)가 발생해 일시적으로 주가가 급등하는 경우도 있지만, 기본적으로는 실적이 좋거나 앞으로 실적이 좋아질 것으로 예상되는, 수익성이나 성장성이 높은 기업의 주식을 원하는 사람이 많을 것이다.

그것이 투자의 기반인데, 그렇다면 왜 실적이 좋으면 주가가 오르는지(원하는 사람이 늘어나는지) 근본적인 원리를 살펴보자.

주식 투자를 할 때는 '주가가 상승하는 근본적인 원리'를 알아둬야 한다. 반대로 말하면 왜 주가가 상승하는지 근본적인 원리를 모르고 투자하는 경우, 매수한 종목의 주가가 하락했을 때 겁이 나서 곧바로 팔아 버릴 수 있다. 자신이 매수한 종목이 상승하는 근거를 이해하면 설령 일시적으로 하락한다 해도 확신을 가지고 계속 보유할 수 있다.

이길 수 있었던 승부도 멘탈이 흔들리면 지게 된다. '승리하

주식은 멘탈이다

는 투자자 멘탈'을 갖추기 위해서라도 주가 상승의 근본 원리를 이해하자.

여기서는 주가의 상승을 쉽게 이해할 수 있도록 라면 가게를 예로 들어 설명하겠다.

실력이 좋은 라면 가게 사장과 알고 지낸다고 하자. 그 사장이 새로운 가게를 열게 되었다. 새 가게를 여는 데에는 1,000만 엔의 자금이 필요하다.

사장은 혼자 1,000만 엔을 부담하기는 힘들어서 자비는 100만 엔만 준비하고 나머지 900만 엔은 아홉 명에게 100만 엔씩 투자받아 해결하기로 했다. 사장의 실력을 아는, 나를 포함한 아홉 명의 투자자가 출자해서 무사히 가게를 열게 되었다.

이때 출자한 증거로 사장(기업 측에 해당)은 '100만 엔 주식(1주)'을 발행해 줬다. 주주는 사장을 포함해 10명이므로 총 10주가 발행되었다.

이 개업 자금 1,000만 엔으로 임대료를 내고, 상품(면과 국물 등)을 준비하고, 냄비와 프라이팬 등의 요리 도구, 인테리어, 식탁과 의자 등의 비품을 위한 비용을 충당한다. 또 아르바이트를 쓰고, 개업을 알리는 전단지 등의 광고 비용을 지출한다. 개업 후부터는 수도 요금과 전기 요금 등의 비용도 든다.

개업 초에는 인지도가 낮아서 손님이 적었기 때문에 1년 차의 수익은 본전치기였다. 그 후 서서히 가게의 인지도가 높아져서 손님이 늘고, 개업 3년 후에는 단골도 늘어 안정된 수익을 올리게 되었다.

3년 차의 매출은 5,000만 엔이었다. 여기서 경비(재료비, 인건비, 임대료 등 운영에 필요한 비용)로 나간 4,500만 엔을 빼면 연(年)수익은 500만 엔이다(※실제로는 수익에서 세금을 내야 하지만 여기서는 이해하기 쉽도록 생략했다).

여기서 수익 중 출자자인 나의 몫을 생각해 보자.

나는 개업 자금 1,000만 엔 중 100만 엔을 출자했으므로(100만 엔으로 1주를 매수) 가게가 번 돈(수익) 중 10분의 1을 받을 권리가 있다. 500만 엔의 10분의 1이므로 내가 받을 권리가 있는 액수는 50만 엔이다(※실제로는 가게의 사내유보금도 있으므로 수익을 전부 배분하지는 않지만 여기서는 생략했다).

그러면 여기서 내가 새로운 사업을 위한 자금이 필요해서, 라면 가게의 주식을 다른 투자자에게 판다고 하자.

얼마에 팔아야 할까?

매수한 때와 똑같은 100만 엔에 팔아야 할까?

라면 가게는 완전히 궤도에 올라 손님이 끊이지 않는다. 그렇다면 내년에도 최소한 올해와 비슷한 수준의 수익이 날 것이다. 맛있다고 입소문이 나면 손님이 더 늘어날 수도 있다. 그렇게 되면 내년과 내후년에도 매출이 상승하고 수익도 점점 늘어날 가능성이 있다. 그렇게 생각하면, 올해 1주당 50만 엔을 벌어들인 라면 가게 주식을 100만 엔에 팔고 싶은가? 아마 그 값에는 팔지 않을 것이다.

처음에 투자를 할 때는 사업이 잘될지 못될지 알지 못했다. 그 불확실한 시간 동안 주주로서 가게를 응원해 온 결과 이제 가게는 매년 수익을 창출하게 되었다. 수익의 창출이 확실해진 지금과 처음에 100만 엔을 투자했던 때의 라면 가게 주식의 가치가 다른 것은 당연하다.

그러면 얼마에 팔아야 할까?

향후 수익을 예측해서 500만 엔이든 1,000만 엔이든 가능한 한 처음에 매수한 값보다 비싸게 팔아야 할 것이다.

반대로 라면 가게의 주식 구입을 검토하는 투자자라면, 1주를 500만 엔에 살 경우 수익 50만 엔에 대해 1주 500만 엔이므로 연 이율은 10%가 된다. 1주가 1,000만 엔이라면 연 이율은 5%다. 라면 가게의 매출이 기대대로 점점 상승한다면 수익률은 더욱 올라갈 것이다.

주가와 수익의 상관관계를 검토해서 사도 좋다고 판단한 투자자에게 높은 가격으로 주식을 팔 수 있다면 라면 가게 주식으로 돈을 벌게 된다.

가령 500만 엔(1주)에 팔았다면,

500만 엔(매도 가격)-100만 엔(매수 가격)=400만 엔(수익)

라면 가게 주식으로 400만 엔을 번 것이다.

수익이 늘어나면 원하는 사람도 늘어난다

반대로 라면 가게가 돈을 잘 벌어들이지 못하는 경우를 생각해 보자.

3년 동안 영업을 해도 단골이 잘 생기지 않아 3년 차 매출이 4,000만 엔이고, 여기서 경비인 4,500만 엔을 빼서 500만 엔의 적자가 발생했다.

수익이 발생하지 않는 라면 가게의 주식을 계속 가지고 있어 봤자 단 1엔도 벌리지 않으므로 다른 투자자에게 팔고자 하는 상황이다.

그 경우 매수했을 때의 가격인 1주 100만 엔에 팔 수 있을까?

3년간 영업했는데 수익이 발생하지 않는다는 것은 무언가 문제가 있어서 손님이 늘지 않는다는 뜻이다. 그런 라면 가게가 갑자기 손님이 늘고 인기도가 올라갈 것이라고 생각하기는 어렵다.

현재 적자이고 향후의 성장도 기대할 수 없는 라면 가게의 주식을 개업 당시와 똑같이 100만 엔에 사고자 하는 투자자가 있을까?

고맙게도 누군가가 나타나서 사 줄지도 모르지만, 수익률을 보면 100만 엔에 팔릴 가능성은 0에 가깝다. 그래도 주식을 팔고 싶어서 투자자들과 협상하지만 매도 가격은 50만 엔, 30만 엔 하는 식으로 점점 내려간다. 사겠다는 사람이 나타날 때까지 가격을 낮춰야만 팔 수 있기 때문이다. 결국 '10만 엔이라면 사겠다'라는 투자자가 나타나서 울며 겨자 먹기로 10만 엔에 매도했다고 하자.

100만 엔에 산 주식을 10만 엔에 팔았으므로

10만 엔-100만 엔=-90만 엔

90만 엔의 손실(손절)이다.

이 예에서 알 수 있듯 주식은 최대한 비싸게 팔고자 하는 매도자와 최대한 싸게 사고자 하는 매수자가 만나는 지점에서 거래된다. 이 원리가 더 복잡해진 것이 증권거래소의 매매 시스템이라고 생각하면 된다. 증권거래소의 매매에서는 여러 매수자와 매도자가 똑같은 곳(시장)에서 만나 다양한 종목을 매매하므로, 라면 가게의 경우와 같이 단순한 구조는 아니다. 그러나 주가가 오르는 근본적인 원리는 똑같다.

주가는 수많은 조건 때문에 변동하지만, 근본적으로 주가는 기업이 창출하는 수익의 증가에 대한 기대를 따라 움직인다. 기업의 수익이 늘면 투자 수익도 는다. 다시 말해 배당금을 받을 수 있으므로 사려는 사람이 늘어 주가가 올라가는 것이다.

그렇다고는 해도 단기적인 주가 동향은 수요와 공급으로 결정되므로 주가가 이론적인 범위를 넘어 위아래로 요동치기도 한다. 그 종목 자체의 사정 때문이 아니라, 예를 들어 코로나 사태, 리먼 사태 등 시장 전체에 대한 충격 때문에 일시적으로 주가가 내려가기도 한다.

그러나 중장기적으로 보면 수익이 나는 기업의 주가는 높아지고, 수익이 나지 않는 회사의 주가는 낮은 수준에 머문다. 몇 년 단위로 주식 투자를 하는 경우는 회사의 이익이 늘어 배당금을 더 많이 받을 것을 기대하고 투자하는 것이다.

내가 실제로 실시하고 이 책에서도 권하는 '중장기적 성장주 투자'를 할 때는 반드시 라면 가게의 예에서 주가가 상승하는(또는 하락하는) 원리를 기억하기 바란다. 그것이 바로 승리하는 '투자자 멘탈'로 전환해서 주가의 오르내림에 동요하지 않는 비밀이다.

주식은 멘탈이다

돈을 잘 버는 기업(라면 가게)의 주식은 반드시 오른다!!

◆ 〈기업(라면 가게)이 돈을 잘 번다〉

⬇

그 기업(라면 가게)의 주식을 원하는 사람이 늘어난다
(수요 증가)

⬇

〈수요(사려는 사람) 〉 공급(팔려는 사람)〉

⬇

주가가 상승한다

◆ 〈기업(라면 가게)이 돈을 잘 못 번다〉

⬇

그 기업(라면 가게)의 주식을 원하는 사람이 줄어든다
(수요 감소)

⬇

〈수요(사려는 사람) 〈 공급(팔려는 사람)〉

⬇

주가가 하락한다

결론 기업의 수익이 늘면 배당금이 늘어나므로 원하는 사람이 많아진다

SECTION 2 멘탈 투자법 기초편

자신에게 맞는
거래 스타일과 종목을 고르자

똑같은 '주식 거래'라도 투자자에 따라 다양한 거래 스타일
(투자 방법)이 있다.

우선은 자신의 투자 스타일을 아는 일이 중요하다.

그리고 그 스타일이 과연 자신에게 맞는지 다시 한번 돌아보
는 일도 중요하다.

당연한 이야기이지만 자신에게 맞지 않는 스타일로 거래하
면 주식으로 돈을 벌기 어렵다.

알고 보면 주식도 종목마다 가격 움직임에 버릇(특징)이 있
다. 종목의 개성에 따라 단기 투자자, 장기 투자자, 배당주 투자
자, 우대주 투자자 등 모여드는(매수하는) 투자자의 층(유형)이 다

주식은 멘탈이다

르므로 가격의 움직임도 달라진다.

투자 스타일과 선택하는 종목의 유형이 서로 맞지 않으면 안정된 투자는 불가능하다. 자신의 거래 스타일에 맞는 종목을 선택하는 일은 주식 투자에서 '승리하는 투자자'로 가는 지름길이다.

그러면 여기서 투자 스타일에 따라 어떤 종목을 보유하면 좋을지 살펴보자.

주식 초보자는 물론, 이미 투자 경험이 있지만, 거래가 잘 풀리지 않는 사람도 한 번 자신의 투자 스타일을 돌아보고 자신에게 맞는 투자 스타일, 그리고 투자해야 할 종목을 파악하는 일이 '승리하는 투자자 멘탈'로 전환하는 첫걸음이다.

단기 거래는 기민하게 대응하는 솜씨가 필요

우선 데이트레이드로 대표되는, 짧은 기간 동안 종목을 매매하는 '단기 거래'를 살펴보자.

단기 거래를 실시하는 투자자는 종목에 유동성이 있고 활발히 매매되는(거래량이 많은) 종목을 중심으로 거래하게 된다.

또 단기적인 가격 변동(주가변동성)이 없으면 수익이 나지 않기 때문에 하루 동안의 가격 변동이 큰 것이 종목 선정의 조건이다. 주가변동성은 볼라틸리티(Volatility)라고도 한다.

구체적으로는 IPO(기업공개) 직후(상장 직후)인 종목, 시류를 탄 테마주 등을 노리게 된다. 이런 종목은 실적보다 성장성 또는 테마성이 작용해서 비교적 높은 가격에 거래되는 경우가 많다. 실적보다는 향후에 대한 기대를 기준으로 매수하기 때문에 기대의 강약이 주가에 쉽게 반영되어 변동폭이 크다. 반대로 말하면 그 변동폭(주가변동성)에서 수익을 얻는 것이 단기 거래다.

예를 들어 미국 바이든 정권의 정책으로 인해 테마주가 된 재생에너지 관련 종목(레노바, 웨스트 HD 등), 일본 정부의 디지털화 정책으로 인해 주목받고 있는 디지털 트랜스포메이션 관련 종목(데이터 애플리케이션, 아이월 등)과 같이 그때그때 정책 등의 시류를 탄 '테마주'를 물색하는 것이다.

데이트레이드를 비롯한 단기 거래는 이처럼 유동성이 있고 변동폭이 큰 종목에 대한 정보를 실시간으로 수집해서 기민하게 대응하는 거래다. 중장기 거래와는 달라서 같은 종목을 계속 보유하는 일이 없고 끊임없이 종목을 갈아타므로, 테크니컬 지표를 항상 의식해야 하며 거래 기술도 필요하다.

이 경우 똑같은 스타일로 거래하는 경쟁자 중에는 데이트레이더와 기관투자자 등 프로와 세미프로 전업 투자자들이 많다. 그래서 거래 시간 중에 계속 거래 화면을 주시하는 등의 수완이

주식은 멘탈이다

없으면 단기 거래에서 승리하기는 어렵다. 주식시장에서 '생존 확률이 낮다'라고 말할 때는 이처럼 일확천금을 노리고 단기 거래를 하는 트레이더의 생존 확률을 뜻한다.

실력에 자신이 있다면 다른 이야기지만, 직장인 겸 투자자인 사람들에게는 그다지 추천하지 않는 거래 스타일이다.

배당주 투자와 우대주 투자는 주가 상승보다 정기적 수입을 추구

배당을 중시하는 투자 스타일의 경우는 주가 변동이 그다지 크지 않기 때문에 거래 빈도도 낮고 비교적 얌전한 매매를 하는 투자자들이 모여드는 경향이 있다.

물론 장기적으로는 주가의 상승을 기대하지만 동시에 안정된 배당금을 추구하며, 안정된 배당금이 나오는 한 그 종목을 장기 보유하는 주주가 많은 것이 특징이다. 기업 측도 가능한 한 안정된 실적을 올려서 일정한 배당금을 지급하기 위해 노력을 한다.

이런 기업들은 수입원이 되는 사업을 여러 가지 보유하고 있으며, 유가증권도 보유하고 사내유보금도 확실하게 준비하기 때문에 매년 어느 정도의 실적을 유지해 배당금을 확보할 수 있다.

SECTION 2 멘탈 투자법 기초편

투자자의 입장에서는 자금에 보탬이 될 배당금을 거의 확실하게 받을 수 있으므로, 주가 상승으로 인한 수익을 특별히 기대할 수 없다 해도 보유할 가치가 있는 종목이다.

배당주 투자 스타일인 사람들은 미쓰비시 UFJ 파이낸셜그룹(8306), 스미토모상사(8053), 오릭스(8591), KDDI(9433), 다케다제약(4502), 도쿄가스(9531) 등 누구나 알 만한 대기업의 주식을 보유한다. 또 이런 종목을 거래하는 사람은 배당 목적으로 J-REIT(부동산 투자신탁)를 구입하는 경우도 많은 듯하다.

배당주 투자에 비교적 가까운 투자 스타일로, 주주우대 종목을 노리는 투자 스타일도 있다. 주주우대로 받는 상품, 서비스,

■ '도쿄가스' 차트

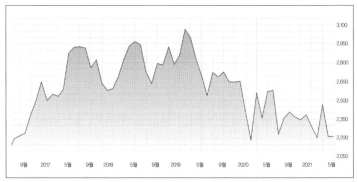

5년 차트로 봐도 2,000~3,000엔의 범위. 2020년 3월의 코로나 사태로 인한 하락 후로도 2,100~2,600엔의 좁은 범위에서 주가가 안정되게 움직였다. 주가 상승으로 인한 수익보다 배당금이 목적인 '배당 종목'의 전형적인 예다.

주식은 멘탈이다

할인권에서 이익을 얻는 스타일이다(*일본에서 활성화된 제도이며, 우리나라에서는 과거에 소수의 기업만이 실시하다가 지금은 거의 사라졌다. 주주우대를 실시하는 일본 기업의 주식을 보유하더라도 일본 내 주소가 없으면 혜택을 받을 수 없다 - 옮긴이). 물론 이러한 투자에서도 주가 상승을 기대한다. 그러나 그전에 주주우대에 주안점을 두기 때문에 '주가는 안정되어 있기만 하면 된다' 정도의 생각으로 종목을 보유하는 사람도 많아 보인다.

우대주 투자도 배당주 투자와 마찬가지로 얌전하게 매매하는 투자자들이 모여드는 경향이 있다. 또 오리엔탈랜드(4661/디즈니리조트 티켓 우대), 가고메(2811/상품종합세트), 도큐(9005/주주우대 승차권) 등 오락, 취미, 실리와 관련된 우대를 제공하는 종목을 보유한다.

주주우대 종목에 관해서는 뒤에서 '알아 두면 유리한 투자법'을 설명할 때 다시 다룰 것이므로, 거래할 때는 그 부분도 참고하기 바란다.

성장주 투자는 주가 상승을 기대하는 투자 스타일

다음으로 성장주 투자를 살펴보겠다. 성장주는 다시 소형 성장주와 비교적 대형 성장주라는 두 가지 유형으로 나뉜다. 소

SECTION 2 멘탈 투자법 기초편

형 성장주에 투자하는 스타일은 시가총액 300억 엔 미만 정도의 소형이고 성장성이 높은 종목을 거래 대상으로 삼는다.

이 투자 스타일에서 노리는 주식은 아직 기업 자체가 젊고 성장 중이기 때문에 불확실한 요소가 많다. 당기순이익도 2억 엔에서 3억 엔 정도인 회사가 많기 때문에 결산 때마다 기대가 뜨거워지고 식기를 반복하면서 주가가 변동한다. 또한 발행 주식 수(시장 유통주 수)도 적어서 대기업 주식보다 유동성이 낮기 때문에 투자신탁 등에서 대규모 주문이 들어오면 주가가 크게 움직인다.

반대로 말하면 상황에 따라 대폭 상승을 노릴 수 있으므로 투자 자금이 적은 일반 겸업 투자자에게는 큰돈을 벌 기회가 되기도 한다. 실제로 나도 포트폴리오의 60% 정도는 소형 성장 주다. 종목 선정과 매매 방법에 신경을 쓰기만 하면 개인투자자에게 잘 맞는 투자 스타일이라고 할 수 있다.

종목의 예를 들어 보면 에스풀(2471), Hamee(3134), 스마레지(4431) 등이 해당한다.

시가총액이 큰 편인 대형 성장주를 매매하는 스타일의 경우, 가격 변동은 소형 성장주보다 작지만 그래도 안정된 실적의 배당주 투자와 비교하면 주가 상승을 더 노려볼 수 있다. 패스트리테일링(9983), 니덱(6594), 니토리홀딩스(9843), GMO 페이먼트 게이트웨이(3769), 엠쓰리(2413) 등이 해당되는데, 이 정도 수준의 기업들이면 개인투자자뿐만이 아니라 기관투자자 등의 프로 투자자도 포트폴리오에 포함시킨다.

이처럼 투자 스타일에 따라 보유하는(또는 노리는) 종목이 완전히 달라진다. 주식 경험이 길어지면 다른 사람의 포트폴리오를 보는 것만으로 그 사람이 어떤 유형의 투자자인지 알 수 있다. 내게는 어떤 투자 스타일이 잘 맞을까? 스스로 한 번 확인해 보자.

앞에서 설명했듯 거래 스타일에 따라 매매하는 종목과 그 종목의 가격 변동 경향도 완전히 달라진다. 주식 투자에서는 자신이 어떤 거래를 하고 싶은지 알고 거기에 적합한 종목을 포트폴리오에 넣을 필요가 있다.

자신의 속성과 성격에 맞지 않는 거래 스타일은 스트레스가 된다. 필요 이상으로 스트레스를 받으면 거래할 때 멘탈도 악영향을 받는다.

주식 투자는 장기간에 걸쳐 자산을 계속 늘려나가는 투자다. 자신에게 잘 맞고 무리 없이 계속할 수 있는 투자 스타일을 선택하자.

■ '에스풀' 차트

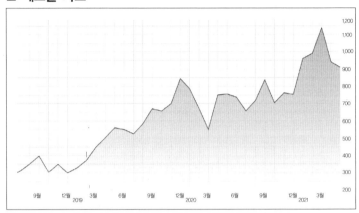

콜센터 등의 근로자 파견과 장애인 고용을 지원하는 농장이 주요 사업인 에스풀은 매년 수익이 증가하고 있는 소형 성장주다. 그때그때 등락이 있기는 하지만 지난 3년간을 봐도 300엔에서 1,000엔 이상까지 대체로 순조롭게 우상향했다.

■ '니토리홀딩스' 차트

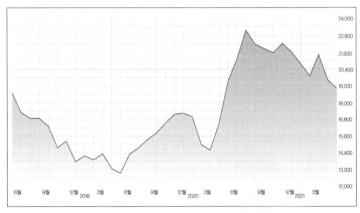

니토리홀딩스도 매년 수익이 증가하고 있는 성장주다. 다만 시가총액이 이미 2조 3,000억 엔인 대형주이므로 평상시 가격 변동은 소형 성장주보다 작다. 코로나 사태 초기에는 13,000엔대까지 급락했으나 현재는 회복해서 20,000엔 전후에서 움직이고 있다.

주식은 멘탈이다

아마추어도 돈을 벌 수 있는 거래 스타일은 무엇일까!?

◆ 단기 거래(데이트레이드 · 단기 스윙트레이드 등)

가격 변동이 큰 종목을 노린다(IPO 종목, 테마주 등) ▷기민한 대응으로 종목을 계속 갈아탄다
⇨ 프로 및 세미프로와 경쟁하기 때문에 생존 확률이 낮다

◆ 배당주·우선주 투자

실적이 안정된 대기업 종목, 주주우대 종목을 보유 ▷거래 빈도가 낮고 장기 보유가 많다
⇨ 비교적 얌전한 매매 스타일

◆ 대형 성장주 투자

가격 변동이 비교적 작은 성장주를 노린다(패스트리테일링, 니토리 등)
▷기관투자자 등의 프로도 보유
⇨ 배당주 투자와 비교할 때 주가 상승을 더 노리는 거래

◆ 소형 성장주 투자

소형이고 성장성이 높은 종목을 노린다(시가총액 300억 엔 미만 정도의 성장 중인 기업) ▷ 불확실한 요소가 많고 유동성이 낮기 때문에 가격 변동이 크다
⇨ 상황에 따라 크게 상승할 수 있다

결론　종목 선정과 매매 방법만 올바르면 "소형 성장주 투자"가 개인투자자에게 적합한 투자 스타일

SECTION 2 멘탈 투자법 기초편

주주우대 종목은
권리일 3개월 전에 매수!

주식 투자의 매력 중 하나로 '주주우대'가 있다.

앞에서 설명했듯 주주우대를 목적으로 그 기업의 주식을 보유하는 투자자도 있고, 중장기 성장주 위주로 구성한 포트폴리오에 주주우대 종목을 일부 넣는 투자자도 있다.

개중에는 '주주우대만 받을 수 있으면, 그것으로 충분하다'라며 주가 상승을 그다지 기대하지 않는 사람도 있는데, 오히려 그 욕심 없는 태도 덕분에 주식을 팔지 않고 장기 보유한 결과 주가가 크게 상승해서 수익이 나기도 한다. 그야말로 '무욕의 승리'라고 할 수 있다.

예를 들어 고메다 카페를 운영하는 고메다홀딩스(3543)의 경우, 주주우대의 일환으로 100주 이상을 보유한 주주를 위해 선불카드 KOMECA에 1,000엔(연간 2,000엔)을 충전해 준다(다시 말해 연간 2,000엔의 할인을 받을 수 있다). 게다가 배당금도 100주당 3,900엔(2021년 기준)이 들어오니 주주우대와 배당금이라는 이중의 이익이 있는 것이다.

커피를 좋아하는 사람이 이 말을 들으면 '100주 만이라도 사볼까?' 하는 생각이 들 텐데, 아직 이야기는 끝나지 않았다.

이왕 살 것이라면 주가 하락으로 손해를 보기보다 주가 상승으로 수익을 올리는 쪽이 당연히 더 좋다. 우대도 받고 수익도 올리면 일석이조의 훌륭한 종목이 된다. 그러기 위해서는 적절한 매수 타이밍을 골라야 한다.

우대 목적의 매수가 주가를 움직인다

그러면 주주우대 종목은 어떤 시기에 구입해야 할까?

결론부터 말하면 주주우대를 받기 2~3개월 전이다. 다시 말해 권리 취득일 2~3개월 전이 최선이다.

왜 그럴까? 여기서 우대를 목적으로 주식을 사들이는 투자자들의 심리를 생각해 보자.

주주우대 종목의 매수에서 흔한 경우가, 권리가 확정되기 조

075

금 전(또는 그달)에 사들이는 것이다. 고메다홀딩스의 예를 다시 들어 보면 우대 권리 확정 월인 2월과 8월에 매수한다. 3월 말에 주주우대를 받을 수 있는 종목이라면 3월이 되고 나서 매수한다.

오리엔탈랜드(4661), 오릭스(8591), 가고메(2811), 큐피(2809), ANA홀딩스(9202), KDDI(9433), 야마다 덴키(9831), 도큐(9005) 등 인기 있는 주주우대 종목이 줄을 잇는 가운데, 마음에 드는 우대 내용이 있으면 권리일이 다가올 때 얼른 구입하는 사람이 흔하다.

나도 초보자일 때는 배당금이나 주주우대를 받을 수 있는 기한이 끝나기 직전에 매수해서 배당 또는 우대 권리를 취득했지만, 그 뒤에 주가가 하락해서 묵혀 둔 경험이 있다. 하락해도 '우대도 이미 받았고, 뭐 상관없지'라는 생각으로 평가액에 손실이 발생한 상태에서 계속 보유했다. 아니, 정확하게 말하면 방치했다. 그리고 1년 정도 지나 매수 당시의 가격까지 돌아오면 매도하기를 반복했다.

그런데 냉철하게 생각해 보면 매매로 벌 수 있는 금액이 주주우대보다 훨씬 크다. 주주우대에 눈이 멀어 냉철한 판단력을 잃었던 것이다.

그렇다고는 해도 주주우대 권리를 취득할 수 있는 매매 기

주식은 멘탈이다

간의 마지막 날이 다가오면 주식을 사고 싶어지는 것은 당연하다. 가능한 한 당장 결과를 얻고 싶은 것이 인간의 본능과도 같은 일반적 심리이기 때문이다. 3월 말이 권리 확정일이라면 3월 중에 매수해서 그달 말에 배당금과 주주우대를 받고 싶어지는 것이다.

그러나 잠시 멈춰 서서 생각해 보자. 앞에서 가능한 한 당장 결과를 얻고 싶은 것이 본능이라고 말했는데, 이것은 누구 한 사람에게만 해당되는 이야기가 아니다. 가능한 한 당장 결과를 얻고 싶은(우대를 받고 싶은) 사람은 많다. 그렇다면 주주우대를 원하는 다른 투자자들도 마찬가지로 3월 중에 우대주를 구입하게 된다.

그리고 주주우대를 목적으로 매수한 투자자는 권리 취득 후에는 이미 목적을 달성했으므로 곧 매각하려 한다.

그렇게 되면 주가는 어떻게 움직일까? '주주우대를 받았으니까 이제 팔자'라고 생각하는 투자자가 많으면 많을수록 주가는 내려간다.

거기에 이르기까지의 주가 동향을 따라가 보면 대체로 이렇게 움직인다.

권리 취득 월의 2~3개월 전, 아직 사람들이 주주우대를 그다지 의식하지 않을 때부터 주주우대를 원하는 투자자가 서서히 늘어나면서 주가가 조금씩 상승한다. 그리고 주주우대 권리가 부여되는 권리부 매매 최종일의 며칠 전에 고점에 달하고, 최종일이 지나고 나면 주가가 하락한다.

인기 있는 주주우대 주식을 발행하는 기업일수록 이런 경향이 강하다. 그러므로 조심하지 않으면 권리 취득 기한이 끝나기 직전에 사서 그 후에 매도했다가 주주우대로 얻는 이익과 비교할 수 없을 만큼 큰 손실을 입기도 한다. 가령 3,000엔의 주주우대를 받으려다 10,000엔을 손해 보고 마는 것이다.

행동심리를 이용한 '멘탈 투자법'

그렇게 되지 않으려면 어떻게 해야 할까?

바로 주주우대가 부여되기 2~3개월 전에 구입하면 된다.

이렇게 하면 주주우대를 노린 매수의 영향을 그다지 받지 않고 주가가 형성된 단계에서 구입할 수 있으므로 주주우대 권리로 인한 주가 변동의 영향을 경감할 수 있다. 권리 취득 기간 후에 주가가 하락하는 국면에서 팔아도 원래 산 가격보다 높으므로 우대와 매매 차익이라는 두 마리 토끼를 잡을 수 있다. 물론 절대적이지는 않지만, 최소한 권리 취득 기한이 임박했을 때 구입하는 것보다는 안전하다고 할 수 있다.

또 다른 방법은, 매수 타이밍은 마찬가지로 2~3개월 전이지만 그때 1단위(100주)가 아니라 2단위(200주)를 매수하는 것이다. (*일본에서는 일반적으로 종목 하나당 최소 100주씩 거래해야 한다. 최근에는 1주씩 거래가 가능한 경우도 생겼으나 일본 내의 일부 증권사를 통해서만 가능하며 수수료도 더 붙는다 - 옮긴이).

주주우대를 받는다는 의미에서는 최소 단위(1단위)로 충분할지 모르지만(단위 수에 따라 우대 내용이 달라지는 경우도 있음) 일부러 2단위 이상 구입한다. 그리고 1단위(100주)는 다른 사람들이 주주우대를 목적으로 매수해 주가가 상승했을 때 판다(권리는 취득하지 않음). 나머지 1단위(100주)는 주주우대 권리를 취득한 후 판다. 이렇게 하면 권리 취득 전에 이미 이익을 실현했으므로 권리 취득 후 주가가 내려가도 손실을 입지 않고, 설령 마이너스라고 해도 우대를 받을 수 있으므로 손실이 적다.

반드시 돈을 버는 방법이라고 할 수는 없지만, 주주우대를 원하는 사람들의 멘탈을 이용한 투자 방법 중 하나다.

주주우대에 별로 관심이 없더라도, 주주우대를 원하는 투자자가 많다는 사실을 알아두고 그 투자자들의 동향을 이용하는 것도 하나의 방법이라는 뜻이다.

인간의 행동심리를 읽어내는 '멘탈 투자법'이라고 해도 좋을 것이다.

SECTION 2 멘탈 투자법 기초편

■ '도큐' 차트

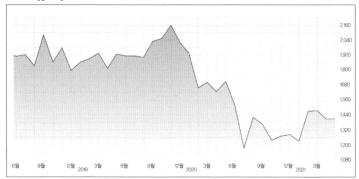

전체적으로 보면 주가 변동이 완만하지만 주의 깊게 관찰해 보면 매년 주주우대 권리 취득월인 3월과 9월이 다가올 때 완만하게 상승하고, 권리 취득 후 완만하게 하락한다는 사실을 알 수 있다. 주주우대 종목의 전형적인 예다.

주주우대 종목을 구입할 때는 이 점을 주의!

◆ 권리 확정일이 다가오면서 주가가 상승하는 경향

주주우대 목적으로 다른 투자자들이 매수를 시작하기 전인
권리 확정 월 2~3개월 전에 구입

◆ 2단위(200주) 구입

권리 확정 전(주가 상승 시) 1단위 매도(이익 실현)

권리 확정 후 1단위 매도(주주우대 획득)

매매 차익 + 주주우대

결론 **주주우대 종목은 권리 확정월이 아니라
2~3개월 전에 매수한다**

주가 동향은 '돋보기'가 아니라 '망원경'으로 보자!

"당신은 돋보기와 망원경 중 무엇을 통해서 주가를 바라보나요?"

이런 질문을 받는다면 어떻게 대답하겠는가?

아마 대부분의 사람은 무슨 뜻인지 몰라서 머릿속에 물음표가 떠오를 것이다. 알기 쉽게 바꾸어 말하면 다음과 같다.

"당신은 3개월만 보는 투자자인가요? 아니면 3년 정도 앞을 바라보는 투자자인가요?"

이렇게 말하면 이해가 될 것이다.

'돋보기'란 시세를 단기적으로 바라보는 것이다.

'망원경'이란 시세를 장기적으로 바라보는 것이다.

주식은 멘탈이다

독자 여러분은 어느 쪽인가?

누구나 차트를 보면서 '저기서 사고 여기서 팔았으면 이만큼 벌었을 텐데'라고 생각할 때가 있다.

'왜 이렇게 쌀 때 팔았을까? 더 비싸게 팔 수 있었을 텐데'라든가 반대로 '왜 이렇게 비쌀 때 사고 말았을까? 더 쌀 때 살 수 있었는데'라고 느끼는 것이다.

그러나 그것은 나중에 결과를 아는 상태에서 봤기 때문에 할 수 있는 말이다. 한창 거래하는 도중에는 알 도리가 없다.

사고파는 시점에서 주가가 오를지 내릴지는 '50%'의 문제다. 나중에 보니 우연히 하락했지만, 그 시점에서는 더 상승했을 수도 있다. 나중에 보니 우연히 상승했지만, 그 시점에서는 더 하락했을 수도 있다.

단기간의 주가 변동을 정확히 맞추는 일은 불가능하다. 아무리 종목을 연구하고 매매 타이밍을 계산해도 단기간의 주가 등락은 거의 반반 확률의 도박에 가깝기 때문에, 프로가 아닌 한 예측대로 맞추는 일은 매우 어렵다. 아니, 프로라고 해도 단기간의 주가 변동을 예측하는 일은 어려울 것이다.

그런 예측불허의 상황 속에서 단기 거래를 하는 투자자들은 차트에서 일정한 패턴을 찾아내고 매매 타이밍을 재므로, 돈보기를 들고 열심히 주가 동향을 분석하는 것이나 마찬가지다.

반면 장기 투자에서는 단기적인 주가 동향에는 눈길을 주지 않고 몇 년 앞을 내다보며 투자한다. 돋보기와는 반대로 망원경을 통해 시장을 바라본다고 할 수 있다.

물론 누구나 눈앞의 움직임이 신경 쓰일 수 있지만, 장기 투자를 결정했다면 단기적인 주가 변동은 그다지 마음에 두지 않는 편이 좋다. 실적 등의 성장성으로 판단할 때 향후 주가가 오를 것이라는 전망이 흔들리지 않는다면, 도중의 경과가 어떻든 상관없는 문제다. 최종적으로 매수했을 때 가격보다 올라가면 되는 것이다.

'투자의 신'이라고 불리는 세계 최고의 투자자 워렌 버핏도 이렇게 말했다.

'단기적으로는 시세가 어떻게 될지 알 수 없다.'

눈앞의 등락에 정신이 팔리면 벌 돈도 못 벌게 된다. 망원경을 사용하기로 결정했다면 돋보기는 내려놓자.

단기 거래의 타이밍 매매는 도박

여기서 두 가지 차트 패턴을 살펴보자.

하나는 도중에 크게 하락하고 그 후 다시 상승하는 패턴이다.

주식은 멘탈이다

그리고 다른 하나는 그다지 하락하지 않고 조금씩 상승하는 패턴이다.

두 패턴 모두 나중에 돌아보면 매수 시기와 매도 시기가 분명하지만, 실제로 현재 진행형일 때에는 주가의 움직임을 100% 예측하는 일은 불가능하다.

차트에서 타이밍을 찾아내고 매매할 자신이 있는 사람은 하락을 예상해서 주가가 내려가기 전에 일단 팔아 이익을 확보한 후, 상승 타이밍을 계산해 다시 사들여서 이익을 취할 수 있을 것이다.

그러나 이 방법에는 상당히 고도의 기술이 필요하다. 차트를 바탕으로(정보 등도 포함해) 적절한 타이밍을 판단하고, 매도와 매수라는 두 번의 타이밍에서 모두 성공해야 한다.

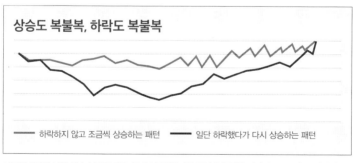

상승도 복불복, 하락도 복불복

― 하락하지 않고 조금씩 상승하는 패턴　　― 일단 하락했다가 다시 상승하는 패턴

나중에 차트를 보면 매수 시기와 매도 시기가 분명하지만, 주가의 등락은 단기적으로 보면 그 시점에서는 각각 50%의 확률이므로 예측 불가다. 그야말로 '복불복'의 도박이 된다.

SECTION 2 멘탈 투자법 기초편

나라면 과연 할 수 있을까? 나는 못한다. 나 같은 직장인 겸 2류 투자자가 이런 타이밍으로 매매할 경우, 계속하면 할수록 성공 확률은 2분의 1로 수렴한다.

요컨대 상승과 하락, 동전으로 치면 앞면과 뒷면 중 무엇이 나오느냐의 문제가 되어 우연의 확률을 따라가는 면이 커지기 때문이다. 아마 확률적으로는 2분의 1이라고 해도 실제로는 매매 타이밍을 잘못 판단해 2분의 1보다 높은 확률로 실패할 것이다.

반면 망원경으로 들여다보는 장기 투자는 어떨까.

종목만 잘 선택하면 수익이 날 확률은 높아진다.

'주가는 그 기업의 수익으로 수렴한다.'

다시 말해, 라면 가게의 예시에서 살펴본 바와 같이, 수익(실적)이 오르면 주가도 오른다는 주가 형성의 원리원칙을 따를 경우 기업의 성장(실적의 상승)과 함께 그 기업의 가치도 오르고, 거기에 맞춰서 주가가 오를 것이기 때문이다.

매매를 빈번히 하다 보면 총수익은 생각만큼 늘지 않는다. 한 번 한 번의 거래에서 돈을 벌었다 해도 거래 횟수가 늘어나면서 손절하는 거래도 나오므로, 손절 비용이 소위 '경비'가 되어 총수익에서 빠져나가기 때문이다.

10년 단위로 보면 성장 기업의 주식을 사서 그대로 계속 들

주식은 멘탈이다

고 있는 사람이 가장 돈을 많이 벌 가능성이 높다.

이렇게 하면 돋보기를 들고 차트를 분석하는 고도의 기술은 필요 없다. 오히려 차트를 볼 필요조차 없을 것이다.

망원경을 사용하는 장기 투자는 처음에 종목만 잘 선정하면 된다. 이것이야말로 투자에 들일 수 있는 시간이 한정된 직장인 투자자에게 적합한 투자 방법이다.

장기 투자로 '가장 실속 있는 지점'을 챙긴다

망원경을 써야 하는 장기 투자에서 돋보기를 쓰면 오히려 폐해가 생겨난다.

한 예로 노무라 마이크로 사이언스(6254)의 차트를 보자(90페이지 참고).

2017~19년까지는 완만하게 하락할 때가 있는 정도였으며, 그다지 변동이 없었다. 특히 2018년 말에서 2019년 중반까지는 대체로 보합을 유지하며 거의 움직이지 않았던 것처럼 보인다.

그러나 장기 차트의 성질 때문에 그렇게 보이는 것일 뿐, 실제로는 이 기간 동안에도 주가가 상당히 오르내렸다. 위로 1,500엔, 아래로 500엔 정도의 범위 내에서 등락했음이 그래프에서 드러난다.

SECTION 2 멘탈 투자법 기초편

차트 분석 능력이 있어서 타이밍을 잘 맞춰 매매할 수 있는 투자자라면 당시의 보합 시세를 읽어내고, 보합권 위의 가격에서 팔고 보합권 아래의 가격에서 다시 사들이기를 반복해서 수익을 올렸을지 모른다.

또는 처음에 장기 투자 스타일로 매수했던 사람이라도 보합권에서 기다림에 지쳐 팔아 버렸을지 모른다. 매수한 투자자의 입장에서 생각하면 사업의 장래성과 실적 전망 등을 보고 판단해서 유망한 성장주를 구입한 것까지는 좋았는데, 그 후 2년간 주가가 거의 움직이지 않은 것이다. 참을성이 없는 사람은 포기하고 팔아 치우고 싶을 것이다.

자금 효율만 생각하면 이 종목을 팔고 주가의 움직임이 더 바람직한 다른 종목으로 갈아타는 일도 하나의 투자 전략이다. 단기 거래 스타일인 투자자는 아마 그렇게 할 것이다.

그러나 차트에 나타나 있듯 이 종목은 2019년 후반부터 급상승하기 시작했다.

상승의 요인은 '마침내 성장 궤도에 올랐다' '실적이 급상승했다' '테마주로 주목 받기 시작했다' '호재가 발생해 갑자기 인기주가 되었다' 등 종목마다 다르지만, 어쨌든 이 종목은 기존의 보합권을 벗어나 가파르게 상승하기 시작했다.

이렇게 되면 보합권 위의 가격에서 팔아 버린 사람은 다시

주식은 멘탈이다

사들이기 어렵다. 다시 하락할 줄 알고 기다렸는데, 그대로 쭉 쭉 상승해서 결국 들어갈 기회를 잡지 못하게 된다. '가장 실속 있는 지점'을 놓치고 마는 것이다. 성장주의 가격은 이렇게 움 직이는 경우가 많다.

결국 노무라 마이크로 사이언스의 주가는 2019년 후반부터 상승하고, 코로나 사태로 인한 폭락에 말려들어 한때 800엔 정 도까지 내려갔다가 다시 힘차게 반등해 2020년 12월에는 4,000 엔을 넘는 고가를 기록했다. 보합권 내에서 등락할 때 팔았다 가 다시 사들이지 못한 단기 투자 스타일의 투자자들은 꽤나 속이 쓰렸을 것이다.

실제 나의 거래를 예로 들면 상승이 시작되기 전인 2019년에 600엔대에서 매수를 시작하고 그때부터 조금씩 보유량을 늘려 나갔으며, 코로나 사태로 하락했을 때도 더 사들인 덕분에 그 후의 상승 국면에 올라탈 수 있었다. 최종적으로는 고가를 기 록한 시점 전후의 3,480엔 부근에서 몇 번으로 분할해 매도해 서 큰 수익을 올렸다. 그래도 아직 일부(500주)는 언젠가 더 상승 할 것을 기대하고 보유 중이다.

이것은 하나의 성공 사례일 뿐이지만 만약 내가 돋보기로 주 가 변동을 들여다보고 있었다면 이렇게 큰 수익은 올리지 못했 을 것이다.

●

SECTION 2 멘탈 투자법 기초편

주가는 마치 진자와도 같다. 하나의 가격대를 중심으로 항상 오르내리기 때문이다. 돋보기로 들여다보게 되면 그 진자의 움직임이 신경 쓰여서 아무래도 매매를 하고 싶어진다. 단기 거래로 매매를 반복해 차익을 버는 일도 물론 좋지만 때로는 대박 종목을 놓치게 된다.

그보다 장기간 진득하게 기다려서 큰돈을 버는 것이 어떨까. 그러기 위해서는 돋보기가 아니라 망원경을 사용해서 시세의 동향을 차분히 바라봐야 한다. 특히 직장인 겸 투자자에게 잘 맞는 방법이라고 할 수 있다.

■ '노무라 마이크로 사이언스' 10년 차트

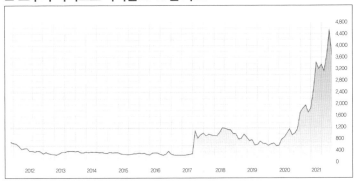

10년 차트를 보면 2018년 말부터 2019년 중반까지는 거의 보합에 머물며 움직임이 없었던 듯 보이지만 실제로는 이 기간에도 주가는 등락했다. 2019년 후반부터 급상승이 시작되고 코로나로 인한 폭락을 거쳐 2020년 12월에는 4,000엔을 넘는 고가를 기록했으며, 그 후에도 고가를 경신했다. 나는 상승이 시작되기 전인 2019년에 600엔 대에서 매수를 시작했다.

주식은 멘탈이다

단기 투자와 장기 투자는
이 부분이 결정적으로 다르다!

◆ 단기 투자

시세를 돋보기로 들여다본다
▷ 오를지 내릴지 예측할 수 없다

확률 50%(도박)

◆ 장기 투자

시세를 망원경으로 바라본다
▷ 단기적인 등락에 좌우되지 않는다

50% 이상의 승률(도박이 아님)

결론 **장기 투자로 진득하게 기다려
가장 실속 있는 상승 국면에서 큰 수익을 올린다**

SECTION 2 멘탈 투자법 기초편

주식으로 버는 돈은
기다림에 대한 보상

주식 투자 초보가 저지르기 쉬운 일 중 하나가, 보유한 주식이 상승하지 않을 때 더 기다리지 못하고 움직이는(매도하는) 것이다.

주식을 매수할 때는 '금방 오르겠지'라고 생각하며 사들이기 쉽다. 그러나 실제 주가는 내게 유리한 방향으로 잘 움직이지 않는다. 주식 투자에서는 오히려 주식을 사고 나면 보합 또는 하락세가 되는 경우가 대부분이다.

매수 타이밍이나 종목 선정의 문제는 아니다. 주식 투자란 원래 그런 것일 뿐이다.

주가란 전체 기간의 70~80% 정도는 일정한 가격대 내에서 움직인다. 1,000엔에서 1,500엔으로 올랐나 싶으면 다시 1,000엔으로 돌아온다. 그리고 또 다시 1,500엔이 된다. 사실 보합을 벗어나 움직이는 기간은 나머지 20%에 불과하다. 주가가 평소 범위를 크게 벗어나 상승하는 순간은 전체의 대략 10% 정도일 뿐이다.

즉 주식 투자에서는 주가가 보합권에서 조금씩 움직이는 기간이 압도적으로 길다. 거기서 참지 못하고 기껏 찾아낸 유망주를 놓아 버리는 사람이 얼마나 많은지 모른다.

주가가 움직이지 않는 '잔잔한 상태'를 받아들인다

'그래도 움직이지 않는 종목을 계속 끌어안고 있어 봤자 뭐 해?'

'자금 효율이 더 높은 투자를 하고 싶어.'

이렇게 생각하는 사람들은 주가가 크게 반등하는 그 10%의 순간이 찾아올 때를 노려 종목을 착착 갈아타는 투자 방법을 생각할 것이다.

그러나 곧 상승할 종목으로 차례차례 갈아타는 일은 나를 포함한 직장인 겸 2류 투자자에게는 너무나도 어렵다. 일반 투자자는 상승 타이밍을 예상하는 일이 불가능하다.

SECTION 2 멘탈 투자법 기초편

어떤 종목의 주가가 상승하는 데에는 무언가 계기가 필요하다. 일반적으로는 실적의 상향 조정, 신제품의 발표, 주식 분할, 배당 증가 등 무언가 긍정적인 뉴스를 계기로 주가가 상승하기 시작한다.

상승이 시작되는 타이밍을 사전에 파악할 수 있다면 곧 상승할 종목에 손쉽게 올라탈 수 있을 것이다. 그러나 유감스럽게도 우리 같은 일반 투자자가 그런 뉴스를 사전에 알 수는 없다. 회사가 IR 정보를 보내고 나서야 비로소 알게 되므로, 이미 기관투자자 등 소식이 빠른 프로들이 먼저 사들여서 주가가 어느 정도 상승했을 때 비로소 매수하게 된다. 그 시점에서는 뉴스가 이미 주가에 반영되어 있으니 매수한다 해도 상승은커녕 반대로 하락하기도 한다. 급하게 매수에 뛰어들면 다친다는 말을 흔히 하는데, 단기간에 수익을 얻으려고 하면 아무래도 리스크가 커지기 때문이다.

그렇다면 특별한 정보원이 없는 일반 투자자가 할 수 있는 일은 상승 타이밍이 올 때까지 주식을 보유한 채 끈기 있게 기다리는 것이다.

내가 보유한 종목 중 크게 상승한 것으로 GMO 페이먼트 게이트웨이(3769)가 있다. 내가 이 종목을 매수하기 시작한 2014년 당시 주가는 1,000엔대였다. 이 종목도 보유한 동안 1년 넘

주식은 멘탈이다

게 가격이 전혀 움직이지 않은 시기가 있었다. 그래도 회사의 실적이 성장할 것이라고 믿고 계속 보유한 결과, 주가 상승을 통해 큰 수익을 올릴 수 있었다.

주가가 움직이지 않는 80%의 기간 동안 계속 참고 기다렸다가 주가가 크게 상승하는 10%의 순간을 포착한 성공 사례인 것이다.

주식 투자에서 중요한 것은, 대부분의 기간 동안 주가는 '잔잔한 상태'로 움직이지 않는다는 사실을 알고 그 사실을 받아들이는 일이다.

시세가 움직이지 않을 때 참을성을 잃고 먼저 움직여서는 안 된다. 실적이 성장해 나가는 성장주라면 언젠가 크게 움직일 순간이 온다. 2류 투자자가 할 수 있는 일은 보유 종목이 움직이는 순간을 가만히 기다리는 것이다.

겸업 투자자는 시세 변동으로 밥벌이를 하지 않는다. 그러니 주가가 잔잔한 상태에서도 눈 하나 깜짝하지 않고 느긋하게 기다리자. 매달 시세가 움직이지 않으면 난처해지는 전업 투자자들은 저마다 이런저런 말을 쏟아낸다. 그러나 그 말들은 진지하게 받아들이지 않아도 된다. 그런 '잡음'에 귀를 기울여서는 안 된다.

'보유한 주식이 올라도 좋고, 보합이거나 내려가도 좋다.'

SECTION 2 멘탈 투자법 기초편

무슨 일이 일어나든 당황할 것 없이 그런 마음가짐으로 침착하게 버티면 된다.

'주식 투자로 버는 돈은 기다림에 대한 보상이다.'

이 말의 의미를 다시 한번 확실히 곱씹어 보자.

대부분의 기간 동안 시세는 내가 원하는 대로 움직이지 않는다는 사실을 받아들이면 차분한 마음으로 주식 투자에 임할 수 있게 된다.

■ 'GMO 페이먼트 게이트웨이' 차트

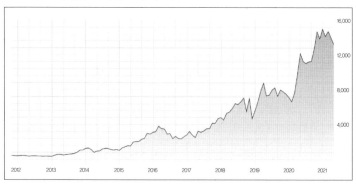

저자가 매수를 시작한 2014년 당시는 '잔잔한 상태'로 1,000엔대를 오갔다. 보유한 지 1년 정도 지난 2015년 후반부터 상승이 시작되었다. 2019년부터는 가파르게 상승해 2021년이 되자 16,000엔을 기록하는 대박 종목이 되었다(주봉 라인 차트이므로 윗꼬리 부분은 생략).

●

주식은 멘탈이다

기다리면 수확의 계절이 온다
주식으로 버는 돈은 기다림에 대한 보상!

◆ 주가는 80%의 기간 동안 움직이지 않는다

⬇

'잔잔한 상태'를 견디며 침착하게 계속 기다린다

⬇

'주식 투자로 버는 돈은 기다림에 대한 보상'

결론 시세는 내 마음대로 움직이지 않는다는
사실을 받아들인다

SECTION 2 멘탈 투자법 기초편

'지뢰'를 밟으면
주저 없이 손절한다!

내가 권하는 중장기 투자는 결산 수치 등 공개된 정보를 바탕으로 향후 성장해 나갈 종목을 찾아내는 투자 방법이다.

투자란 불확실한 미래에 자금을 투입하는 행위이므로 성공하기도 하고 당연히 실패하기도 한다. 가능한 한 성공하는 종목에만 투자하고 싶어도 항상 그렇게 잘 풀리지만은 않는 법이다. 실제로 나도 아직까지 실패하는 경우가 있고, 주식 투자를 시작했던 초기에는 어떤 종목에 투자해야 할지 몰라 더 많이 실패했다.

그래도 성장주 투자에서는 일찍 실패하는 것이 낫다. 자산이 늘어난 후 실패하면 투자 금액이 커진 상태인 만큼 치명적인 실패로 이어질 위험이 있다. 그렇게 되기 전에 자금이 적은 단계에서 어느 정도 실패를 해보면 나중에 크게 넘어지는 일을 막을 수 있다. 그렇게 생각하면 주식 투자에 대한 공포도 조금 사라질 것이다.

선택한 종목에 투자할 때 필요 이상으로 겁을 먹어서 주저하게 되면 눈앞에서 기회를 놓치게 된다. 매수한 후 주가가 하락했을 때 겁을 먹어서 더 기다리지 못하고 금세 내던져 버리게 될 수도 있다.

그럴 바에는 처음부터 '투자에는 실패가 따르는 법이야. 실패하는 게 당연해. 실패가 있기에 좋은 투자 방법을 배울 수 있는 거지'라고 생각하면 멘탈 면에서 우위에 설 수 있고, 투자 마인드가 필요 이상으로 움츠러드는 일도 막을 수 있다. 이렇게 말하는 나도 여러 번 실패하며 지금의 방식에 다다랐다.

TATERU 주식의 대실패

그러면 구체적으로 어떤 실패가 있는지 예를 들어 보겠다.

이익을 실현한 후 투자에 간격을 두지 않고 곧바로 다음 종목으로 갈아탔다가 기껏 벌어들인 수익을 토해내는 일이 흔하다.

한 종목으로 수익을 올리고 의기양양해서 '좋았어, 가자!'라

는 태도로 종목 선정에 그다지 주의를 기울이지 않은 채 자신
감만으로 다음 종목에 손을 대면 대체로 고전하기 마련이다.
'이긴 후에는 투구 끈을 조여라'라는 말이 있지만, 승리했을 때
마음을 다잡고 다음 전투(다음 종목)에 임하기는 쉽지 않은 법이
다. 머리를 식히고 냉철하게, 전투에 이긴(수익을 얻은) 흥분을 가
라앉힌 후 다음 전투에 나갈 준비를 해야 한다.

그 외의 실패로는 향후의 성장성을 기대하고 매수했던 종목
이 성장성을 잃었는데도 미련을 버리지 못하고 계속 투자해 손
실을 입는 경우가 있다.

처음의 전망대로 성장하지 않는다면, 그 시점에서 더이상 '성
장주'가 아니므로 깨끗하게 물러나야 하는데, 그 타이밍을 잡지
못했기 때문에 실패하는 것이다.

실제로 내가 성장주 투자에 실패한 사례를 소개하겠다.

부동산 투자회사 TATERU(현 Robot Home) (1435)에 대한 투자
다. 이 기업이 일으킨 불상사는 세간을 떠들썩하게 만든 큰 뉴
스였다.

내가 주목했던 당시의 TATERU는 'IoT로 부동산 투자를 바
꾼다'라는 캐치프레이즈를 내걸고 직장인을 대상으로 투자용
부동산을 판매했다. 당시는 TV에서 화려하게 광고를 해서 마
치 최신 사업 모형과도 같은 인상을 받았다.

주식은 멘탈이다

당시 나는 부동산 투자에도 관심이 있었기 때문에 자료를 찾아보며 실제로 어떤 강점이 있는지 확인해 보기로 했다. 자료를 요청하자 곧바로 영업 담당자가 연락을 해서, 직접 만나 대화하게 되었다.

자세한 내용은 생략하겠지만 직접 만나서 TATERU의 사업 모형을 들어 보니 판매하는 측은 자신감을 가지고 '이거라면 일정한 수의 고객이 틀림없이 구입할 것이다'라고 느끼고 있었다. 결국 부동산을 구입하지 않았지만 TATERU라는 회사 자체에는 관심을 가지게 됐고, 매년 실적이 성장하고 있음을 데이터로 확인한 후 성장주 투자의 일환으로 주식을 매수했다. 그런데 TATERU의 주식을 매수한 지 얼마 지나지 않았을 때, 이 기업의 사업 모형을 뿌리째 뒤흔드는 충격적인 사건이 일어났다.

TATERU의 영업 담당자가 투자 물건을 구입할 예정인 고객들의 수입과 은행 계좌를 위조한 것이다. 당시 뉴스에서도 대대적으로 보도되었고, '회사 전체가 부정행위를 한 것은 아닌가?'라는 의혹으로 인해 주가는 연일 대폭락했다. 2,000엔 부근에서 움직이던 주가는 순식간에 800엔대 아래로 추락했다.

주식을 팔 수도 없어서 손쓸 도리가 없이 주가 하락을 지켜보는 투자자의 심정만큼 비참한 것도 없다. 아무리 멘탈을 붙잡으려고 해도 가능할 리가 없다. 그저 망연자실한 채 내 처지

SECTION 2 멘탈 투자법 기초편

를 한탄할 수밖에 없었다.

여기서 나는 한 가지 실패를 더 했다. 하락 후 한 번 가격대가 형성된 단계(800엔 부근)에서 곧바로 손절했으면, 좋았을 것을 '언젠가는 주가가 돌아오지 않을까? 이렇게 큰 뉴스라도 반등은 있겠지'라며 주가 회복을 기대한 것이다.

그러나 내 안일한 예상과는 반대로, 위법 행위가 있었던 기업의 주식은 아무도 계속 보유하려 하지 않았다. TATERU를 포트폴리오에 포함시켰던 기관투자자들이 철저한 투매에 나서면서 주가는 반등 없이 계속 하락했다.

TATERU는 사건 발생 후 결산에서 대규모 적자를 기록했다.

■ 'TATERU(현 Robot Home)' 차트

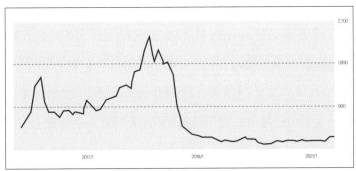

2018년 12월 건설 자금 대출 희망자(고객)의 예금 잔액 등 융자 자료를 위조해서 사회적 문제가 된 부동산 투자회사 TATERU(현 Robot Home). 주가는 고가가 2,500엔이었던 수준에서 500엔 이하까지 급락했다. 도중에 약간의 반등이 있었지만, 성장주로써의 사업 모형을 뿌리째 뒤흔드는 불상사였던 탓에 주가는 회복되지 못하고 낮은 수준에 머물러 현재까지 200엔대에서 움직이고 있다.

주식은 멘탈이다

상장은 간신히 유지했지만 주가는 100엔대에서 200엔대 수준으로, 예전의 2,000엔대와 비교하면 10분의 1 이하까지 떨어졌고 현재도 200엔대(2021년 6월 기준)에 머물고 있다. 결국 나도 200엔대에서 손절할 수밖에 없었다. 나의 TATERU 주식 투자는 50만 엔 정도의 큰 손해를 보며 대실패로 끝났다.

실패는 실패로 처리해서 투자자 멘탈을 기른다

지금 생각하면 TATERU의 악재는 일시적인 악재가 아니었다. 위법 행위와 관련된 불상사가 발생하면 사회의 시선은 냉랭해진다. 기업의 존재 자체와 관련된 문제가 될 수 있다. TATERU의 사업 모형은 사회의 신뢰를 잃으면서 완전히 붕괴했다. 그 시점에서 더이상 '성장주'가 아니게 되었으므로 재빨리 손절했어야 했다.

이처럼 성장주 투자를 하다 보면 어느 정도의 확률로 지뢰를 밟는 일은 피할 수 없다. 에이스라고 생각해서 매수했던 종목이 어느새 지뢰로 바뀌어 있다. 다시 말해 예상과 다르게 성장성을 잃은 것이다. 그때는 주저 없이 포트폴리오에서 빼야(매도해야) 한다. 설령 손실을 입더라도 손절하는 일이 중요하다. 그 손절이 다음 투자의 자원이 된다.

●

103

실패하지 않고 투자를 잘하게 되는 사람은 없다. 어차피 실패할 것이라면 빨리하는 것이 낫다. 물론 처음부터 실패할 생각으로 투자하는 사람은 없고, 실패는 하는 것보다 하지 않는 것이 더 좋다. 그러나 투자의 세상에서는 경험이 전부다. 그렇다면 실패하는 경험도 필요하다. 실패도 적절히 처리할 수 있다면 그 경험을 다음 투자에 확실하게 살릴 수 있다.

나는 RIZAP그룹(2928)에 대한 투자에서도 실패를 경험했다.

RIZAP그룹이 대규모 광고로 인지도를 높이고 있던 때쯤 투자를 시작했다. 그 후 내 예상대로 RIZAP의 적극적인 M&A 전략이 좋은 평가를 받아 주가가 급등했다.

한때 내가 매수한 가격의 약 10배까지 상승해 '텐배거'를 달성했지만, 그 후 경영이 악화해 실적이 급강하했다. 거기에 맞춰 주가도 마치 롤러코스터처럼 정반대로 추락하기 시작했다. 다행히 매수했던 때보다 높은 가격으로 처분했기 때문에 일단 수익은 발생했지만, 한때의 10배 상승과 비교하면 하늘과 땅 차이였다.

'아, 거기서 절반이라도 팔 걸…'

후회해도 이미 엎질러진 물이다. 개미 눈물만큼의 수익에 마치 손해를 본 듯한 기분이 들어 눈물이 앞을 가렸다.

성장주 투자에서는 장래의 성장성이 사라진 종목은 포기하

주식은 멘탈이다

는 일이 중요하다. 예상과 다르게 흘러가면 주저 없이 손절하는 것이다. 마이너스를 계속 끌어안고 있기보다 실패는 실패로 처리하는 편이 훨씬 편하다.

주식 투자를 할 때 모든 거래에서 성공할 수는 없다. 투자 경험을 쌓다 보면 투자란 가능한 한 실패를 줄이는 것이 중요한 게임이라는 사실을 깨닫게 된다.

실패해도 좋다. 실패라는 경험을 통해 배우기에 투자자로서 성장하는 것이고, 그 과정 하나하나가 자신 나름의 투자 방법을 정착시키는 데에 도움이 된다. 그리고 실패라는 경험을 통해 '투자자 멘탈'로 전환할 수 있다.

■ 'RIZAP 그룹' 차트

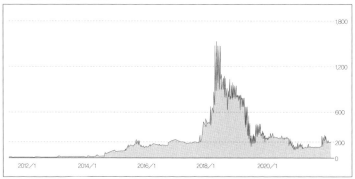

RIZAP그룹은 유명인이 출연한 인상 깊은 TV 광고와 적극적인 M&A 전략 등으로 주가가 급상승했으나 그 후 경영 악화로 주가가 급락했다. 나는 주가 상승 전에 100엔대에서 매수해 텐배거를 달성했지만, 그 후 급락으로 '역 텐배거'가 되어 매수 때와 비슷한 가격으로 처분했다. 성장주 투자의 무서움을 경험한 전형적인 예.

•
105

주가를 계속
들여다보고 있으면 안 된다

　주식 투자를 시작하면 아무래도 주가가 신경 쓰여서 거래 시간 중에 계속 시세를 보며 상황을 확인하는 사람들이 있다.

　자신이 보유한 종목의 주가가 궁금한 것은 어쩔 수 없다. 특히 투자 경험이 적은 초보자일수록 자신이 가진 종목의 주가 동향을 보고 싶을 것이다. 코로나로 인해 재택근무가 널리 도입되면서 회사에 가지 않아도 되자 업무 시간 중에도 계속 주가를 확인하는 사람들이 늘어난 모양이다.

　그러나 거래 시간 중에 계속 주가를 들여다본다고 해서 주가가 오르는 것도 아니다. 주식 투자 외에 본업이 따로 있는 우리 직장인 겸 투자자들에게는 해로우면 해롭지, 그다지 이로운 행

주식은 멘탈이다

동은 아니다.

　데이트레이드를 비롯한 단기 거래에서 수익을 얻고자 하는 트레이더들은 별개로 치고, 이 책에서 권하는 중장기 성장주 투자에서는 하루 동안의 주가 변동은 투자 행동에 그다지 영향을 미치지 않는다. 주가는 중장기적으로는 기업의 수익에 수렴해서 움직이므로, 그 도중의 주가 변동을 자꾸 확인해 봤자 의미가 없다.

주가를 자주 확인하면 멘탈이 흔들린다

　주가를 들여다보는 시간이 길면 길수록 침착한 멘탈을 유지할 수 없게 된다. 자기도 모르게 단기 동향에 눈이 멀어 이익을 실현하거나 하락이 두려워 손절하게 된다. 중장기로 수익을 올릴 수 있었던 종목도 멘탈이 흔들린 탓에 수익으로 연결하지 못하는 경우가 생긴다.

　단기 거래에서는 한 번의 거래로 얻을 수 있는 수익이 한정되어 있다. 우연히 주가가 급등해서 단기간에 큰 수익을 올리는 경우도 있지만, 대부분은 주가 변동 범위 내에서 시세차익을 얻는 스윙트레이드다. 계속 이익을 실현하면서 손실을 줄이는 작업을 꾸준히 반복하는 것이 데이트레이드를 비롯한 단기 거

•

래의 특징이다.

이런 단기 거래에서 계속 수익을 올리기 위해서는 주가를 항상 들여다보며 상당히 본격적인 자세로 임해야 한다. 단기 거래라는 토양에서 맞붙는 상대 중에는 주식이 전업인, 숙련된 프로와 세미프로 투자자가 많다. 거기에 걸맞은 각오와 기술을 가지고 싸움에 나서지 않으면 참패하게 된다. 주식시장에서 회복할 수 없는 손실을 입고 물러나는 투자자 중에는 이 유형의 투자자가 압도적으로 많다.

실제로 나도 주식 투자를 시작하고 나서 몇 년이 지났을 때 (2005년) 단기 거래에 빠져든 적이 있다. 롤러코스터처럼 쭉쭉 상승하는 작전주에 홀려서 뛰어들었다가 아니나 다를까 크게 실패했다. 전형적인 작전주였던 니치모(8091)가 시장에서 화제가 되기 시작했을 때 '좋아! 나도 끼자'라는 생각에 신용거래로 매수에 나섰는데, 거기서 단숨에 급락했다. 순식간에 100만 엔의 손실이 발생하고 말았다.

당시 니치모의 주가 동향이 신경 쓰여서 회사 일도 손에 잡히지 않고, 거래 시간 중에는 계속 안절부절못했다. 지금 생각하면 좋은 경험이지만 당시에는 100만 엔을 손해 보고 나서 한달 정도 의기소침한 상태였다.

니치모의 실패를 계기로 내가 단기 거래와는 정말 맞지 않는

주식은 멘탈이다

■ '니치모' 차트

2005년 당시 니치모는 작전 세력의 개입으로(소문에 따르면) 급등해, 2,000엔 부근이었던 주가가 갑자기 그 세 배인 6,000엔까지 치솟았다. 작전주에는 롤러코스터 같은 매력이 있지만, 상승이 빠른 만큼 하락도 빠르기 때문에 기민한 대응과 매매 기술이 필요하다. 쉬지 않고 주가를 들여다보며 프로들과 맞붙을 각오가 없다면 실패하게 되므로, 직장인 투자자에게는 적합하지 않다.

다는 사실을 깨닫고 현재의 중장기 거래로 이행했으며 신용거래도 완전히 그만두었다.

감정에 휩쓸린 거래는 실패할 가능성이 높다

　주가를 확인하는 시간이 길어지면 거래 계좌가 있는 증권사도 어떤 의미로는 '적'이 된다. 증권사에 가장 이득이 되는 고객은 매일 여러 번 거래하는 고객이다. 장기적으로 지켜보며 천천히 거래하는 나와 같은 스타일의 투자자는 증권사의 수익원인 매매 수수료를 많이 내지 않으므로 환영할 수 없는 고객이다.

　반대로 말하면 증권사는 고객이 거래를 더 많이 하기를 바라는 법이다. 증권사 웹사이트(증권 계좌, 주식 차트 등)에 접속하면 할수록 증권사의 의도에 말려들고 만다. 중장기 거래를 할 계획이었더라도 자기도 모르게 주가 변동에 마음이 흔들려 매매를 하거나 눈에 띄는 종목에 달려들어 매수하는 등 원래 목적과는 다른 단기 매매를 하고 마는 것이다.

개장 시간에 주가를 전혀 보지 말라는 말은 아니다. 정기적으로 주가를 확인하는 것은 좋지만 주가만 보고 거래는 하지 않는 습관을 들이는 것이 중요하다. 증권 계좌에 로그인하고 주가를 확인한 김에 거래까지 해버리면 감정에 휩쓸린 거래가 된다. 감정에 휩쓸린 거래는 실패할 가능성이 높다. 사전에 확실하게 계획하지 않은 거래를 하면 주가 동향에 따라 마음이 이리저리 흔들리고 만다. 그런 멘탈로는 결코 승리할 수 없다. 우연히 운이 좋아서 한 종목에서 수익을 올린다 해도, 거기에 맛을 들여 계속 거래하게 되면 반드시 실패한다.

나도 개장 시간 중에 증권 계좌와 주가를 확인한다. 그러나 정말 확인만 할 뿐이지 거래를 위한 행동은 아니다.

이른바 장중은 프로들이 활발하게 거래하는 시간대다. 날고 기는 강적들이 득실거리는 싸움터에 굳이 들어가는 일은 자기 발로 먹잇감이 되러 가는 것이나 마찬가지다. 강력한 경쟁자들이 불꽃을 튀기는 시간대에 승부를 걸기보다, 약한 상대와 싸워서 이기는 편이 더 좋다. 새로운 사업을 구상하는 사업가도 자신이 진입하려는 시장에 강력한 경쟁자가 없는지 확인하는 법이다. 주식 투자에서도 마찬가지로 경쟁을 완전히 피할 수는 없지만 약한 상대를 골라서 승리한다는 발상이 필요하다. 그것이 바로 중장기 투자 스타일이다.

물론 강한 상대들을 쓰러뜨릴 자신이 있다면 말리지 않겠다. 투자자 100명 중 5명 정도는 단기 거래에 재능이 있다(이 재능은 학력이나 시험으로 측정할 수 있는 능력과는 완전히 다른 종류다). 그런 자신감이 있다면 자신의 생각대로 거래를 하면 된다. 그러나 나를 포함한 직장인 겸 2류 투자자들은 프로나 세미프로와 맞붙어 이길 실력이 없다. 그렇다면 질 것이 뻔한 싸움은 하지 말아야 한다.

중장기 투자가 목표라면 하루에 여러 번씩 주가를 확인할 필요는 없다. 실시간으로 정보를 얻더라도 그때마다 매매를 할 것이 아니므로 그다지 의미가 없다.

주가를 자꾸 들여다보지 말자. 이 스타일을 꼭 기억하기 바란다.

●

SECTION 2 멘탈 투자법 기초편

불필요한 정보는
차단하자!

　세상에는 수많은 정보가 넘쳐난다. TV를 켜면 뉴스와 정보 방송이 잇달아 정보를 전달하고, 주간지와 월간지 등의 잡지에도 정보가 범람하고, 덤으로 인터넷 포털 사이트, 유튜브, SNS에서도 시시각각 온갖 정보가 난무한다. 그중에는 물론 주식에 관한 정보도 대량으로 포함되어 있다.

　주식 투자를 할 때 이런 정보를 가능한 한 많이 알고 싶은 것은 투자자의 자연스러운 심리일 것이다. 경제신문을 읽고, 주식 정보 방송을 보며 경제 애널리스트의 분석을 참고하고, 주식 정보지에서 정보를 수집하고, 인터넷에서 종목 정보를 검색하고, 유명한 유튜버가 추천하는 종목을 기억해 둔다. 생각만 해

봐도 시간이 너무 많이 들어서 힘들 것 같고, 정보가 너무 많아서 누구의 말을 믿고 주식을 사야 할지 모르게 될 것 같다. 특히 자신만의 투자 스타일이 정착되지 않은 초보자라면 더욱 그럴 것이다.

그렇다고 해서 정보가 필요 없느냐고 한다면 결코 그렇지는 않다. 주식 투자에서 정보는 필수다. 오히려 정보를 모르고 주식을 매매하는 일은 무모하다고 할 수 있다.

다만 앞에서 언급한 모든 정보를 알아야 하느냐고 한다면 그럴 필요는 없다.

오히려 정보를 지나치게 신경 쓰면 독이 된다. 세상에 돌아다니는 주식 정보의 대부분은 승리하는 투자자 멘탈에는 방해가 될 뿐이다.

그러면 주식에 관한 정보 중에서는 무엇이 필요할까? 어디에서 그 정보를 얻어야 할까?

여기서는 주식 투자에 필요한 정보를 설명하겠다.

평론가와 애널리스트의 의견은 백해무익

결론부터 먼저 말하면, 주식 투자를 할 때 자신과 직접적인 관련이 없는 정보는 가능한 한 차단하는 일이 중요하다.

예를 들어 매스미디어에서 넘쳐나던 '코로나 관련 정보'도 그 중 하나다. TV와 잡지 등의 미디어는 대중이 관심을 보일 만한 이야기를 쏟아낸다.

과장이 됐든 무엇이 됐든 자극적인 이야기에 달려드는 대중을 붙잡아 두기 위해, 시청자(또는 독자)의 관심을 끌 정보를 쉴 새 없이 내보낸다. TV라면 시청률, 잡지라면 매출이 우선이니 어쩔 수 없다.

그러나 매출을 목적으로 제공하는 정보를 믿고 필요 이상으로 코로나를 두려워하다가는 아무 일도 할 수 없다. 물론 자신의 생활에 필요한 최소한의 정보는 얻어야 하지만, 객관적인 시각에서 '내게는 필요 없는 정보'라고 판단되면 그 정보는 차단해야 한다.

주식 투자라는 관점에서 봐도 그저 시청률이 목적인 방송에서 내보내는 정보는 백해무익하다. 투자자로서의 판단을 흐릴 뿐이다.

가장 좋은 것은 정보의 제목을 확인한 후 쓸모없는 정보라고 판단하면 거기서 차단하는 자세다.

주식 투자에 대한 방송이나 특집 기사는 어떨까?

장단점이 있지만 역시 필요 이상으로 기사의 내용(정보)을 믿는 일은 위험하다. 소위 '애널리스트'라고 불리는 전문가와 평론가의 분석은 틀린 경우가 많으므로 신뢰할 수 없다. 딱 잘라 말해 시간 낭비다.

경제(또는 주식) 애널리스트들은 '앞으로 주식시장의 향방은 어떻게 될까' '닛케이 평균은 어떻게 움직일까' '환율은 어떻게 될까' 등을 의기양양하게 예측하지만, 그 예측이 들어맞을 확률은 상당히 낮다.

시세를 정확하게 예측할 수 있는 사람은 아무도 없으므로 애널리스트들의 분석은 참고가 되지 않는다.

실제로 2020년 3월의 코로나 사태로 인한 대폭락을 예측한 애널리스트가 몇 명이나 있었을까? 코로나 사태 후의 상승 국면에서도 '일단 주가가 회복되었지만, 다시 한번 바닥을 칠 것이므로 주가는 다시 내려갈 것이다'라는 주장이 대부분이었다. 최소한 '이제부터 닛케이 평균 3만 엔까지 상승한다'라고 올바르게 예측한 애널리스트는 거의 없었을 것이다. 만약 그런 애널리스트들의 정보를 믿었다면 주식을 살 마음이 들지 않아 코로나 후의 상승 국면에 올라타지 못했을 것이며, 나중에는 그저 가만히 있었던 자신을 원망했을 것이다.

승리하는 투자자 멘탈, 돈을 버는 멘탈을 가지기 위해서는 우선 애널리스트나 평론가 등 소위 '전문가'의 목소리에 귀를 기울이지 말아야 한다.

●

이 사람들의 의견은 주식 투자에 전혀 도움이 되지 않는다. 뭐든지 다 안다는 태도로 분석을 내놓는 사람들의 의견에 영향을 받지 않는 환경을 구축하자.

경제평론가, 주식 애널리스트의 말을 접하는 일은 마치 독을 삼키는 일과도 같다. 만에 하나 독을 삼켰다면 토해내 버려야 한다. 스스로 해독할 능력이 생기기 전에는 평론가들의 발언을 아예 접하지 말자.

그것이 승리하는 투자자 멘탈을 위한 일이다.

다시 한번 강조하지만 평론가나 애널리스트의 말을 들어서 득이 될 일은 하나도 없다. 가능한 한 평론가와 애널리스트의 의견을 멀리해야 한다. 그런 자세를 밀고 나가야 정보에 휘둘리지 않는 투자자 멘탈이 형성된다.

승리하는 투자자 멘탈을 위해서는 '1차 정보'만 알면 된다

현대는 인터넷 사회이므로 SNS를 포함해 인터넷에서 정보를 얻는 투자자도 많다. 유명한 주식 유튜버들도 있고, 그런 영상에서 정보를 얻기 위해 시청하는 사람도 많다. 주식 유튜버들은 말재주도 뛰어나고 말하는 속도도 경쾌해서 듣기 좋다. 정보를 판매하는 데에 숙달되어 있는 사람들이기 때문에 자신도

주식은 멘탈이다

모르게 참고하게 되는 경우도 많을 것이다.

그러나 내용을 들여다보면 얼마나 참고해도 될지 상당히 의문이 든다.

유튜버들의 이야기는 자신에게 이득이 되도록 가공된 경우가 있다. 자신에게 불리한 정보는 생략하고 유리한 부분만 골라 마치 유망 종목처럼 소개하는 경우도 보인다.

유튜버들은 직접 주식을 매매하는 투자자이기도 하다. 그렇다면 자신에게 불리한 정보를 일부러 언급할 필요가 없다. 정보를 전달하는 사람들은 때로 자신에게 이득이 될 만한 각도에서 이야기하는 법이다. 설령 처음부터 그런 의도는 아니었다고 해도 말이다.

그 종목을 보유하고 있으면 '주가가 더 올라갔으면 좋겠다'라는 시각에서 이야기하게 되고, 그 종목을 보유하고 있지 않으면(또는 신용거래로 매도 중이면) '주가가 더 내려갔으면 좋겠다'는 시각에서 이야기하게 될 것이다.

이처럼 해로운 정보를 배제하기 위해서는 어떻게 해야 할까?

반대로 말하면, 그렇다면 어떤 정보를 참고해야 할까? 어떤 정보가 신뢰할 수 있는 정보일까?

답은 바로 기업이 공표하는 공식 정보다.

누군가의 의견이나 분석 등 '2차 정보'가 아니라 기업이 공개

·

117

하는 '1차 정보'를 획득해야 한다. 기업에 대한 정보는 그 기업이 가장 잘 파악하고 있는 법이다. 그리고 기업이 공표하는 정보에는 거짓이 없다. 만에 하나라도 허위 정보를 흘리면 법적인 문제가 되기 때문에 그 기업은 치명적인 타격을 입게 된다.

1차 정보는 압도적으로 정확하다.

누구의 손도 거치지 않았으므로 아무런 가공도 이루어지지 않았다. 아무리 뛰어난 애널리스트라도, 아무리 이해하기 쉬운 종목 정보를 제공하는 유튜버라도, 결국 정보의 원천은 기업이 공표한 1차 정보다. 그보다 더 많은 재료를 가지고 이야기하지는 않는다.

기업의 공식 웹사이트 등을 통해 기업이 직접 공개한 공식 정보이므로, 애널리스트나 유튜버의 이야기와 같이 오락성이 있거나 이해하기 쉽게 정리되어 있지는 않다. 오히려 딱딱하고 재미없는 형태이기 때문에 실제로 들여다보는 사람도 적을 것이다. 사장이 직접 이야기하는 영상을 올려도 거의 아무도 보지 않는 듯하다.

바로 그렇기에 그 정보를 통해 남들보다 앞설 수 있는 것이다. 승리하는 투자자가 될 수 있는 것이다.

기업이 공표하는 사업 설명 등의 정보에서 그 회사의 개요를 파악해 보자. 그 기업에 돈을 투자해도 좋을지, 자신의 눈으로 직접 확인해 보자.

투자자는 1차 정보를 보고 자신 나름대로 판단할 필요가 있다. 이런 습관을 들이면 승리하는 투자자의 사고방식으로 전환할 수 있고 투자자로서의 멘탈도 강화된다.

주변에 숨은 단서를 민감하게 감지한다

기업이 발표하는 공식 정보만이 1차 정보는 아니다. 우리의 주변에서 일어나는 일도 1차 정보다.

주변에서 실제로 일어나는 변화를 감지하는 일은 투자자에게 중요하다. 자신이 실제로 느낄 수 있는 변화에 투자 기회가 숨어 있는 경우도 많다.

Sansan(4443)이라는 기업을 예로 들어 보겠다. TV 광고를 통해 이름을 아는 사람이 많을 것이다.

드라마 '고독한 미식가' 등으로 인기를 얻은 배우 마츠시게 유타카가 "빨리 말해 줘…"라고 말하는 광고로 인지도가 급상승한 기업이다. 사업 내용을 보면 법인용 클라우드 명함 관리 서비스(온라인 명함 관리 시스템)를 중심으로 실적을 높이고 있는 성장 기업이다.

사실 내가 다니는 회사도 어느새 이 서비스를 도입했다. 실

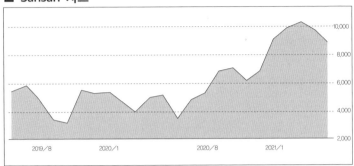

■ 'Sansan' 차트

소형 성장주인 Sansan은 TV 광고로 인지도를 높이면서 실적도 순조롭게 올렸다. 코로나 사태로 한때 3,000엔대까지 떨어졌지만, 그 후 강력하게 상승해 이듬해 4월에는 결국 1만 엔의 고가를 기록했다. 기업의 성장에 발맞춰 주가도 상승하는 성장주 투자의 전형적인 예.

제로 사용해 보니 쓰기 좋고 편리한데다, 명함 관리라는 서비스의 특성상 한 번 도입하고 나면 타사의 서비스로 옮겨가거나 이용 자체를 중단할 일이 별로 없다. 기업에 중요한, 명함이라는 비즈니스 데이터를 온라인으로 관리하므로 그 데이터베이스를 바탕으로 한 다른 사업의 창출도 예상된다.

무엇보다 적극적인 광고로 인지도를 높이는 공격적 자세가 시선을 끌어, 나도 내가 주최하는 세미나에서 다루었다. 당시 주가는 그다지 움직이지 않았고 2020년 3월의 코로나 사태 때는 한때 3,000엔대 초반까지 떨어졌으나, 그 후 순조롭게 상승했고 2021년에는 급등했다. 3월에는 무려 1만 엔을 기록했다. 이것은 내가 실제로 경험한 '주변의 1차 정보'를 주목해서 성공

주식은 멘탈이다

한 사례다.

　이처럼 일상 속에 숨은 단서, 주변에서 일어나는 변화를 포착해서 투자하는 일도 중요하다. 코로나 시국 때 이용자들이 서로 거리를 유지할 수 있는 골프장과 환기 설비가 잘 된 고깃집이 유행한 것과 같이, 세상의 사소한 변화에 민감해지면 투자의 실마리가 보인다.

　기업이 발표하는 1차 정보를 확인하고, 주변에서 일어나는 일에 관심을 가지고, 불필요한 정보는 차단한다. 이런 자세가 투자자로서의 사고방식과 승리하는 멘탈을 길러 준다.

SECTION 2 멘탈 투자법 기초편

살지 말지 고민되면
'에라 모르겠다!' 하고 사 본다

주식을 매수할 때 어떤 타이밍에 매수하는가?

'생각난 날이 길일'이라는 태도로, 매수하고 싶은 마음이 들면 곧바로 매수하는 사람도 있다.

관심이 가는 주식을 철저히 조사해서 '이거라면 성공한다'라는 확신이 생겨도, 다시 신중에 신중을 기하며 매수 타이밍을 재는 사람도 있다.

정답이 따로 있지는 않다. 투자자가 100명 있으면, 매수 스타일도 100가지가 있는 것이 당연하다.

그렇다고는 해도 어지간히 대범한 사람이 아닌 한 '사야 할까 말아야 할까' 다소 고민하는 것이 일반적이다. 특히 초보일

주식은 멘탈이다

때는 아직 판단 기준이 확고하지 않기 때문에 진입 타이밍을 몰라서 매수 결단을 내리기 힘들다.

조사를 통해 매력적인 기업이라는 사실을 확인하고, 실적 향상과 함께 주가가 상승할 가능성도 높다는 사실을 알아도, 막상 매수할 때가 되면 '예상이 틀려서 주가가 떨어지면 어쩌지?' 하며 망설이게 되고, 긍정적인 생각과 부정적인 생각 사이에서 마음이 계속 흔들리는 사이에 사야 할지 말아야 할지 결론을 내리지 못하게 된다. 주식 투자 경험이 적은 사람일수록 이런 고민을 많이 한다. 그리고 살지 말지 주저하는 동안 주가가 쭉쭉 올라 손을 대지 못하게 되는 바람에 후회한 경험이 누구에게나 있을 것이다.

이런 후회를 하지 않기 위해서는 어떻게 해야 할까?

바꾸어 말하면 어떤 타이밍에 매수해야 할까?

우선 100주만 '계약금' 삼아 사 본다

눈을 들인 기업의 주식을 매수하고 싶은데 타이밍에 확신이 없을 경우, 나는 우선 소량만 매수한다.

가령 1,000주를 살 여력이 있다면 우선 100주나 200주만 사 보는 것이다. 이렇게 하면 그 주식이 갑자기 오르기 시작해도

'못 샀다'라는 분한 마음은 반감된다. 물론 '1,000주를 전부 샀으면 좋았을 텐데'라는 후회는 남을지 모르지만, 한 주도 사지 못해서 억울해 할 일은 없다. '예정했던 만큼 매수하지는 못했지만, 그래도 매수해서 다행이야'라고 스스로를 납득시킬 수도 있다.

100주 또는 200주밖에 사지 못했다고 해서 실망할 필요는 없다. 종목의 매수는 한 번만으로 끝나지 않기 때문이다.

매수한 후 결산 발표에서 실적 향상이 공표되는 등의 IR이 나오면, 이미 사들인 주식의 평가 수익에 의지해 추가 매수를 해서 포지션을 확대하면 된다. 실적이 향상되고 나면 주가가 매수 당시의 수준으로 돌아올 가능성은 낮아진다. 코로나 사태 등의 예측 불가능한 대폭락을 제외하면 기본적으로는 실적 향상을 따라 주가 수준도 높아지기 때문이다.

이러한 추가 매수는 매우 효과적인 투자 방법이다. 처음에 조금만 매수한 주식은 말하자면 '계약금'과도 같은 것이다. 시험 삼아 산 주식은 나중에 포지션을 확대할 때 평균 매수 단가를 낮추는 용도로 활용할 수 있기 때문이다.

나도 실제로 이 '평가 수익이 발생한 주식이 더 상승하면 추가로 매수한다'라는 방법으로 수익을 축적하고 있다.

한 예로 Hamee(3134)의 매수 이력을 보면 평가 수익의 발생

덕분에 안심하고 정기적으로 포지션을 확대(추가로 매수)하고 있다. 처음에 100주를 사들인 후 서서히 추가 매수를 해서 현재는 3,300주(그중 500주는 NISA 계좌에 있음)를 보유하고 있으며 평균 매수 단가는 1,028엔이다. 포지션이 서서히 확대되면서 수익도 2,150,000엔(2021년 6월 중순 기준)으로 불어났다.

돌이켜 보면 처음에 100주를 매수한 일이 계기였다. 처음에는 Hamee라는 기업에 대해 조사해 보고 충분히 매력적이라고 판단하기는 했지만, 역시 막상 매수할 때가 되니 '혹시 하락해서 손해를 보면 어쩌지?' 하는 생각이 들어 '사느냐 마느냐 그것이 문제로다'라는 햄릿과도 같은 고뇌에 사로잡혔다. 그 고민을

■ 'Hamee' 차트

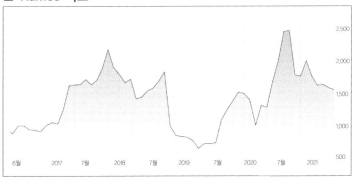

장기적으로 보면 우상향이지만 성장주답게 중간중간 기복이 심하다. 처음부터 최대한으로 매수하면 주가가 등락할 때마다 멘탈이 버텨내지 못해서 포기해 버리는 경우가 많다. 서서히 추가 매수하면 장기 보유가 가능하다.

SECTION 2 멘탈 투자법 기초편

벗어나, 아니 계속 고민하면서도 '에라 모르겠다' 하고 매수한 것이 좋은 결과로 이어졌다.

■ 필자의 'Hamee' 매수 이력

	매수일	수량	참고 단가
2016	2/12	100	268.7
	2/25	300	268,7
	3/17	200	261
	10/27	400	266.1
	10/27	200	266.1
	11/9	100	707
2018	7/5	100	1,291
	8/10	100	1,461
	12/14	100	1,418
	12/17	100	1,280
	12/19	100	1,158
	12/21	100	1,080
2019	1/10	100	930
	1/30	100	838
	8/2	100	696
	8/16	100	706
	12/5	100	1,284
2020	1/16	100	1,555
	2/27	100	1,528
	2/28	100	1,401
	9/15	100	2,185

매수 기간은 2016년 2월부터 2020년 9월까지 4년 7개월. 충분히 여유를 두고 분할 매수했다. 매수 가격은 261엔에서 2,185엔으로 폭이 넓고 평균 매수 단가는 1,107엔(NISA 제외)으로 대략 매수기간 동안의 평균값과 비슷하다.

•

주식은 멘탈이다

무슨 일이든 일단 시작해야 결과를 알 수 있는 법이다. 주식 투자도 마찬가지다. 기업 분석을 아무리 해도 실제로 그 기업의 주식을 사지 않으면 수익은 한 푼도 나지 않는다. 주식을 사지 않으면 금전적인 손해도 없지만, 그래서는 승리도 없고 패배도 없다. 아무리 시간이 흘러도 플러스마이너스 0, 돈이 벌리지 않는다.

실제로 주식을 구입해서 주식 투자를 시작할 때 비로소 승리하는 투자자가 될 수 있는 것이다.

여력을 남겨 두면 멘탈에서 우위를 유지할 수 있다

그래도 역시 겁이 나는 분도 있을 것이다. '만약 손해를 보면 어쩌지?' 하는 생각 때문에 행동에 나서지 못하는 것이다.

'조금 더 기다리면 더 싸게 살 타이밍이 나오지 않을까?'

이런 생각을 하기 마련이다. 그러나 주식으로 돈을 벌기 위해서는 언젠가는 리스크를 감수하고 매수해야 한다. 애초에 주식 투자를 할 때 완전히 저점에서 사들이는 일은 불가능하다.

주식 격언 중 '머리와 꼬리는 내줘라'가 있다. 귀신같이 주가의 천장에서 매도하거나 바닥에서 매수할 수는 없다.

매수할 종목을 좁히고 나면 적당한 시점에서 가격을 설정하

•

127

고 우선 조금만 매수해 보자. 자신이 가진 정보를 바탕으로 그 기업에 대해 알아보고 매력을 느꼈다면 과감하게 '에라 모르겠다' 하고 사들일 수밖에 없다. 물론 단번에 최대한으로 매수하는 것이 아니라, 만약을 위해 현금(투자 여력)을 남겨 두는 일을 잊지 말아야 한다.

예상대로 주가가 상승하면 앞에서 예로 들었던 Hamee와 같이 추가 매수해서 포지션을 확대하는 방법이 있다. 예상과 반대로 주가가 하락해도 투자 여력이 있으면 추가 매수로 물타기 (평균 매수 가격 낮추기)가 가능하다. 무엇보다 투자 여력이 남아 있으면 심리적인 여유가 생겨서 주가에 끌려다니는 일 없이 멘탈에서 우위에 설 수 있다. 그렇게 되면 무슨 일이 일어나도 여유를 가지고 대처할 수 있으므로 투자자로서 침착한 사고방식을 유지할 수 있다.

'포지션이 없으면 항상 침착할 수 있잖아. 쌀 때만 노려서 사면 되지 않나?'라고 생각하는 분도 있을 것이다.

그런데 재미있게도 실제로 매수하지 않은 종목을 즐겨찾기에 등록해도, 그 정도로는 뇌가 중요하다고 인식하지 않기 때문에 그 종목을 그다지 의식하지 않게 된다. 그러나 단 100주라도 매수한 경우에는 현실적인 이익이 얽혀 있으므로 그 종목에 눈이 가게 된다.

●

그 종목의 주가를 보는 일도 늘어나고, 무의식적으로 '그 기업에 관한 정보를 얻고 싶다'라는 마음이 생겨난다.

그런 행동이 장기적으로는 나만의 정보와 경험이 되어 축적된다. 차트의 주가 변동도 머릿속에 넣어둘 수 있게 된다. 그런 행동과 경험이 하나의 종목을 안심하고 거래할 수 있는 기반이 된다. 아무리 종목을 연구해도 실제로 그 종목을 사들이지 않으면 진지하게 들여다보지 않게 된다.

우리의 뇌 구조를 생각하면 실제로 매수하고 투자하는 편이 더 좋다.

눈독을 들인 종목을 사야 할지 말아야 할지 고민될 때는 일단 100주만이라도 사 두자. 어느 정도 투자 경험이 쌓인 후에도 마찬가지다.

설령 숙련된 투자자이고 아무리 자신이 있는 종목이라도 갑자기 하나의 종목에 주력하는 경우는 적고, 확신이 점점 강해질 때 추가 매수해서 포지션을 확대하는 법이다.

머릿속에서 시뮬레이션하는 것만으로는 배울 수 없는, 실제로 매수했을 때 알게 되는 감각이 있다. 좋은 종목이라면 마지막 순간에 '에라 모르겠다' 하고 사보자. 승리하는 투자자로 가는 첫걸음이다.

•

사들이지 않으면 돈을 벌 수 없다
우선 100주만 사보자!

◆ 매수 타이밍을 모르겠다면 마지막에 '에라 모르겠다'

하고 100주만이라도 사본다

◆ 우선 100주만 구입하고 서서히 추가 매수해 포지션을

확대한다

⬇

목표했던 매수(買收) 주식 수에 도달

결론 단번에 최대한으로 매수하지 않고 여력을
남겨 두면 멘탈에서 우위를 유지할 수 있다

주식은 멘탈이다

'유리한 전개'가 될 때까지
매수하지 않는다

주식을 살 때 뇌에서는 쾌감 물질이 분비된다.

마음에 드는 물건을 살 때와 비슷한, 구체적으로 표현하면 '즐겁고' '꿈꾸는 듯한' 정신상태가 된다.

주식을 산 순간 머릿속에서는 내가 매수한 종목의 상승이 시작되고 주가가 곧장 2배, 3배로 뛰는 상상이 펼쳐진다.

이런 말을 들으면 '말도 안돼. 주식을 샀다고 해서 그렇게 쉽게 오를 리가 없잖아'라고 생각할 수 있는데, 그것은 지금 독자 여러분이 당장 주식을 사려고 하는 입장이 아닌 냉철한 제3자의 시각에서 바라보고 있기 때문이다.

인간은 욕심에 약한 법이다. 나도 마찬가지다. 눈앞에 돈이 될 법한 이야기가 있으면 순식간에 이성이 물러나고 경계심이 사라지고 본능적으로 달려들게 된다. 남의 이야기를 들을 때는 냉철하게 판단할 수 있는데, 나 자신의 투자 이야기가 되면 뇌가 딴판으로 작동해 냉철함을 유지할 수 없게 된다.

그래도 주식 투자 경험을 쌓아 나가다 보면 주가는 내 마음 대로 움직이지 않는 것이 당연하다는 사실을 점차 이해하게 된다. 주가의 흐름을 바꿀 수는 없으니, 내 사고방식과 행동을 바꾸어서 승리하는 투자자가 될 수밖에 없다.

물론 대전제는 종목을 선정할 때 성장성을 확인하고 중장기적으로 주가가 상승할 것이 예상될 때 매매하는 일이다. 그러나 그 예상(판단)이 틀릴 가능성도 미리 계산에 넣고 매매해야 한다.

주식 투자로 수익을 올리기 위해서는, 아무리 조사와 분석을 많이 했다 해도 '예상이나 전망은 당연히 틀릴 수 있는 것'이라고 생각하며 매매할 필요가 있다.

'불리한 포지션'을 피해서 최초 매수한다

거기에 중요한 것이 매수 타이밍이다. 우선 주의해야 할 부분이, 사자마자 커다란 평가 손실이 발생하는 '불리한 포지션'

주식은 멘탈이다

을 취하지 않는 일이다.

여기서 '불리한 포지션'이란 높은 가격에 사는 것을 말한다. 그래서 소위 '고가에 물리는' 것이다. 또는 포지션을 이동하지 못할(평균 매수 단가를 낮출 수 없을) 만큼 한 번에 많은 주식의 수를 사들이는 것이다.

고가에 물려 버리면 주가가 일시적으로 조정될 때나 전체적인 폭락에 말려들어 크게 하락할 때 평가 손실을 끌어안고 한동안 하락 국면에서 버텨야 한다.

승리하는 투자자의 사고방식으로 전환해서 투자자의 멘탈이 완성된 상태라면 종목의 성장성을 신뢰하고 뚝심 있게 기다릴 수도 있을 것이다.

원래부터 장래가 불투명한 종목이었다면 몰라도, 매수 전의 종목 선정 단계에서 정보를 바탕으로 주가가 상승할 것이라는 '근거'를 확실히 발견하고 매수한 종목이라면 믿고 기다리는 일도 가능하다.

그러나 아무리 신뢰할 수 있는 종목이라고 해도, 막상 하락 국면이었던 주가가 부활해 매수 단가 부근까지 돌아오면 그 시점에서 '휴, 큰일 날 뻔했다' 하며 매수했던 것과 비슷한 가격에 매도해 버리고 마는 경우가 많다. 안도감과 함께 포기하는 것이다. 이것 또한 인간의 심리다. 이래서는 수익이 날 수 있었던 종목이라도 실패하게 된다.

매도하지 않더라도 처음부터 작정하고 대량 매수해 버리면 하락 국면에서 추가 매수해 평균 매수 단가를 낮추며 주수(株數)를 늘리는 방법이 불가능해진다.

당연한 이야기지만 매수 단가가 낮고 주수가 많을수록 주가가 상승했을 때 수익이 커진다. 주가가 하락하는 국면은 주수를 늘릴 기회다.

물론 한 번에 많이 매수한 후 주가가 그대로 하락 없이 상승하는 경우도 있다. 그러나 앞에서도 말했듯 주가는 좀처럼 뜻대로 움직여 주지 않는다. 수익을 올릴 기회를 눈앞에서 놓치지 않기 위해서라도 한 번에 대량 매수하는 일은 피하고 항상 여유 자금을 남겨둬야 한다.

'사려면 언제든지 살 수 있다'라는 생각으로 시세를 바라보는 사람과, 추가 자금이 없어서 '제발 상승해라'라고 기도하는 심정으로 시세를 바라보는 사람은 똑같은 국면에서도 멘탈이 완전히 다르다.

주식 투자에서는 흔히 '시세를 보며 기도하게 되면 끝장이다'라고 말하는데, 과거를 돌아보면 확실히 시세란 잔인한 면이 있어서 기도하던 사람이 더 견디지 못하고 주식을 내던진 후에야 반등한다.

시세의 신은 다소 매정하다.

간절한 기도는 주식 투자에서는 통하지 않는다.

급등 국면에 남들을 따라 손을 대면 큰 손실

'불리한 포지션'을 취하지 않기 위해서는 구체적으로 어떻게 매수해야 할까?

투자 경험이 적은 초보자라면 주가가 상승할 때(특히 급등할 때) 처음으로 포지션을 잡는(최초 매수하는) 일을 피하자.

경험이 풍부한 투자자라면 주가가 급등할 때 최초 매수하는 것도 괜찮다. 그러나 급등 중 고가를 노리는 상황에서 다른 투자자들과 맞붙을 때는 기민하게 포지션을 변경하는(매매하는) 투자 기술이 없으면 잘되지 않는다. 기술도 없으면서 '더 오를 것 같다'라는 분위기만 보고 손을 대면 기관투자자와 전업 개인투자자의 먹잇감이 될 뿐이다. 날고 기는 프로들의 싸움터에 우리와 같은 2류 투자자가 발을 들일 필요는 전혀 없다.

급등 국면이란 곧 수많은 투자자가 눈독을 들이고 프로들의 자금이 흘러들었다는 뜻이다. 그때 진입하는 일은 마치 만원 지하철에 올라타는 것과도 같다. 그렇게 사람이 많은 곳에서는 무슨 일이 일어날지 모른다. 위험이 항상 도사린다는 사실을 기억해 두자. 대부분의 경우는 용감하게 올라타더라도 반격을 당해 밀려나면서 끝난다.

2류 투자자인 우리가 매수하기에는 주가 변동이 적은 보합 국면이 좋다. 또는 완만한 상승 국면이나 하락 국면을 노린다. 급등 국면에서는 시장의 이목이 쏠리고 앞으로 더 오른다는 정보도 난무하기 때문에 뛰어들고 싶은 충동에 휩싸이게 되지만 꾹 참아야 한다. 주가의 움직임이 완만해지기를 기다렸다가 매수하자.

물론 매수하기 전에 우선 기업 정보에 변동이 없는지 확인해야 한다. 무언가 나쁜 정보가 발생해 주가의 상승이 멈추고 보합으로 들어갔다가 하락으로 전환되는 경우도 있다.

그런 악재가 발생하지 않는지 제대로 확인하고 나서 매수 타이밍을 살피자.

끊임없이 오르내리는 주가의 습성에 익숙해진다

에니그모(3665)의 예를 들어 보겠다.

나도 보유하고 있는데, 이 기업은 소셜 커머스 사이트 BUYMA를 운영하는 벤처 기업이다.

내가 구입한 것은 2016년이었다. 당시 나는 해외직구에 푹

빠져서 자주 외국에서 물건을 주문했다. 그러던 중 인터넷 쇼핑 사이트들을 이것저것 조사하다가 BUYMA를 운영하는 에니그모를 발견했다. 어떤 기업인지 관심이 생겨서 알아보니 쇼핑 사이트인 BUYMA를 기반으로 사업 모형을 확실히 구축했을 뿐 아니라, 매(每) 사분기마다 실적이 꾸준히 상승하고 있었다. 영업이익률도 40%를 넘는 수준으로 IT계열 기업 중에서도 높았다. 회원 수도 계속 늘어나고 있었고 거기에 맞춰 매출도 늘어나는 사업 모형이기 때문에 앞으로 한동안 성장을 기대할 수 있다고 판단해서 매수했다. 내가 주목해서 매수를 시작한 2016년 당시는 시가총액도 200억 엔 정도여서 지금보다 훨씬 소규모였다. 그야말로 '이제부터 성장할' 단계의 회사였다.

5년이 지난 지금의 에니그모는 당시와 비교하면 이익 수준, BUYMA의 브랜드 영향력, 직원의 수와 수준, 기업 이념의 보급 면에서 완전히 다른 기업으로 성장했다. 회원 수도 800만 명을 넘어 최대 규모의 쇼핑 사이트로 성장했다. 주가도 순조롭게 상승하고 시가총액이 600억 엔을 넘는 규모의 기업이 되었다. 그러나 실적은 안정되어 있지만, 주가 변동은 큰 경향이 있다. 이것은 성장주의 특징이다. 끊임없이 오르내리면서 전체적으로는 계속 우상향이지만 국면별로 보면 위아래로 상당히 크게 움직이는 것이다.

•

■ '에니그모' 차트

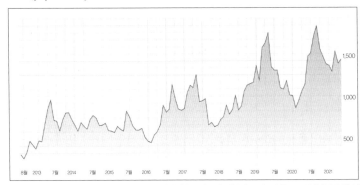

성장주 특유의 주가 움직임이다. 기본은 우상향이지만 중간중간 기복이 크다. 저자는 2016년에 600엔 이하일 때부터 서서히 포지션을 확대하고, 상승 국면에서 일부를 매도해 매수 비용이 사실상 0이 되었다. 지금은 800주를 보유하고 있다. 이처럼 유리한 위치에서 매수하면 중장기 보유에 큰 도움이 된다.

결산 내용이 좋거나, 배당금이 많아지거나, 신규 사업을 개시하는 등의 호재가 생기면 주가도 거기에 반응해서 거래량과 함께 상승한다. 이런 호재로 인한 상승 국면에서는 매수하고 싶어지는 법이다. 그러나 에니그모뿐만이 아니라 대부분의 주식은 호재의 효과가 끝나면 예전에 매수했던 투자자들이 시세 차익을 위해 매도하면서 주가가 내려가고, 어느 정도 선에서 가격이 안정된다. 나는 5년 넘게 에니그모의 주식을 보유하고 있기 때문에 이런 주가의 습성에 완전히 익숙해졌다.

이렇게 주가 변동의 특성(종목마다 다름)을 이해하면 급등 국면에 달려들었다가 하락할 때 황급히 손절하는, 초보자에게 흔한

주식은 멘탈이다

실패를 피할 수 있다. 급등 국면을 피하고, 그 후 주가가 잠시 하락하며 거래량도 줄어들고 주가 변동도 작아지는 국면에서 매수하면 안심이 된다. 최소한 큰 실패는 하지 않는다. 이렇게 매수한 후 성장주의 장래성을 믿고 상승을 기다리면 된다.

에니그모의 경우는 매수 가격의 2배를 넘은 시점에서 이미 일부를 매도해 수익을 올렸다. 현재 보유하고 있는 에니그모의 주식은 매수 비용이 사실상 0이나 마찬가지다. 에니그모 자체도 앞으로 당분간 더 성장할 것이다. BUYMA 사업의 해외 진출과 신규 사업 개시 등 향후의 성장을 장기적으로 의식하며 주가의 추이를 지켜보고자 한다.

다시 한번 말하지만 아무리 유망한 종목이라도 매수할 때는 한꺼번에 많이 매수하지 말고 여력을 남겨 둬야 한다. 그렇게 하면 주가가 매수 때보다 하락해도 추가 매수로 주식 수를 늘려 평균 매수 단가를 낮출 수 있다. 초보자는 종목을 선정하자마자 구입하고, 하락을 고려하지 않은 채 포지션을 잡는 경향이 있다.

유리한 전개가 될 때까지 매수를 미루고 기다리자.

급등 국면을 피하고 하락 국면, 보합 국면, 완만한 상승 국면에 매수하자.

139

주식을 매수할 절호의 타이밍은?

◆ 유리한 위치에서 매수

주가가 진정된 국면에서 매수

주가 하락은 추가 매수의 기회(멘탈의 여유)

◆ 불리한 위치에서 매수

고가에서 대규모 매수 ⇨ 주가 하락은 위기
멘탈에 여유 없음 ⇨ 손절 또는 회복 직후 매도

중장기 보유하지 못해 수익이 없음

결론 설령 유망주라도 급등 국면은 피하고,
주가의 움직임이 완만한 국면에서 매수

주식은 멘탈이다

겁을 내며 매수할 때
돈을 번다

투자 경험이 적은 초보자일수록 어떤 종목에 대해 솔깃한 정보를 들으면, 그 종목을 사고 싶어 안절부절못하다가 끝내 충동 구매를 하고 만다.

주식 관련 잡지에서 소개되고, 유명한 투자자가 SNS에서 요즘 주목받는 주식이라고 공표하고, 인기 유튜버가 영상에서 종목을 공개했다는 이야기를 듣고 자신도 모르게 그 종목에 달려들게 되는 것이다.

투자 경험이 쌓이면 그런 솔깃한 종목도 일단 냉철하게 판단하고 분석한 후 매수 타이밍을 살피게 된다.

실제로 나는 어떻게 주식을 구입하느냐 하면, 눈길이 가는

•

종목이 있을 때 우선 그 기업의 정보를 조사한다. 그리고 기업의 개요, 사업 내용, 실적, 시가총액, PER, 본사 소재지, 사원 평균 급여, 회사 연혁 등 그 기업에 관한 정보를 기업이 발표하는 IR 등을 통해 조사한다.

물론 성장 기업의 기반이 되는 실적 등의 숫자도 중요하다. 그러나 나는 투자를 할 때 그 기업의 경영자인 사장의 사람됨을 알고자 하기 때문에 사장이 지금까지 어떤 인생을 살아왔고, 어떻게 창업의 길을 선택했고, 얼마나 많은 시련을 극복하며 여기까지 다다랐는지 알아본다.

기업은 순풍에 돛 단 듯 흘러가기만 하지는 않는다. 어려운 시기도 있다. 그런 난국을 어떻게 타개했는지, 미래를 위해서는 어떤 사업모형을 생각하고 있는지, 사장이 생각하는 기업의 강점을 한마디로 표현하면 무엇인지 등을 사장의 영상이나 잡지 인터뷰 등에서 읽어낸다. 특히 내 경우는 나중에 자세히 설명하겠지만 '오너 사장' 기업에 투자하는 경우가 많기 때문에 기업을 이끄는 사장의 개성과 사업 계획을 반드시 조사해야 한다.

다만 조사를 해보고 '이 기업은 앞으로 성장하겠구나. 좋아, 사자'라는 생각이 들어도 곧바로 매수하지는 않는다. 투자 대상인 기업을 조사해서 성장성을 확인하는 일은 투자 멘탈을 강화하는 데에 확실한 뒷받침이 되지만, 그것만으로는 승리하는 투자자의 사고방식을 갖출 수 없다.

중요한 것은 매수 방법이다.

매수를 '기다릴' 수 있게 되면 승리할 수 있다

기업에 대해 조사하고 투자를 결정하고 나면 조금씩 매수한다. 곧바로 본격적으로 달려들어 대규모로 매수하지 않는다. 우선 시험 삼아 가볍게 사 보고, 조금 시간을 두고 나서 본격적으로 매수하기 시작한다.

예를 들어 내가 점찍은 종목에 관한 좋은 뉴스가 등장해 시장 전체가 주목하게 되면 그 종목은 스포트라이트를 받아 주가가 상승하게 된다. 주식시장에서 화제가 되는 종목의 매수는 자칫하면 비싼 값을 치르게 된다. 고가에서 사서 그보다 더 높은 고가에 파는 방법이 자신 있다면 아무 문제가 없지만, 그 매매 타이밍을 찾는 데에는 상당히 숙련된 기술이 필요하다.

그런 고급 기술이 없는 우리와 같은 직장인 투자자는 고가를 좇다가 실패하고 싶지 않다면 그 종목의 거래가 활발한 시기는 가능한 한 피하는 것이 무난하다. 주가가 안정되는 타이밍에 매수하면 실패의 가능성은 낮아진다. 실패할 가능성이 높은 방법을 피하는 일은 성공할 방법을 아는 것만큼이나, 또는 그 이상의 가치가 있다.

월급쟁이 투자자에게는 '기다림'이 중요하다. 매수 타이밍을 기다릴 수 있다면 돈을 벌 가능성은 크게 올라간다.

그러나 이렇게 쓰고 있는 나도 아직까지 매수 타이밍을 기다리는 일이 어렵다. 어떤 종목에 대해 생각하게 되면 곧바로 매수하고 싶어지는 본능을 거스르며 가만히 기다려야 하므로 그럴 만도 하다.

그래도 기다리지 못해서 실패하는 사람이 절반을 넘는다면, 타이밍을 기다리는 것만으로도 소수의 승리자가 될 수 있다.

'주식 투자로 버는 돈은 기다림에 대한 보상이다'라는 말을 앞에서 소개했듯 주식 투자의 모든 비결은 결국 '매수를 기다린다' '매도 시기가 올 때까지 기다린다' '매도 후 곧바로 갈아타지 않고 다음 타이밍을 기다린다' 등 기다림에 있다.

사람들이 몰려들 때는 거기에 끼지 않고 기다린다. 항상 다수파와는 다른 타이밍에 매매할 수 있게 되면 승리하는 투자자의 사고방식으로 전환했다고 할 수 있다.

기분 좋게 주식을 사면 실패한다

내 투자 이력을 돌아보면 성공한 거래도 있지만 당연히 실패

주식은 멘탈이다

한 거래도 있다.

성공한 거래와 실패한 거래를 비교해 보면 무엇이 다를까?

바로 성공한 거래에서는 예외 없이 매수할 때 '공포심'을 느꼈다는 것이다.

반대로 실패한 거래는 '금방 돈이 벌리지 않을까?' '수익이 더 나지 않을까?' 하고 욕심을 부리며 투자했다.

기분 좋게 주식을 사면 실패한다. 욕심으로 매수하면 수익만 생각하고 투자 계획을 따로 세우지 않기 때문에 주가가 하락했을 때 대처하지 못한다. 매수 가격보다 내려가서 평가액 손실이 발생해도 사전에 준비가 되어 있지 않기 때문에 대처할 방법이 없는 것이다. 이럴 때는 대체로 '어떻게 하지…. 더 내려가면 안 되는데…. 제발 다시 올라가라' 하고 시세의 신에게 기도하는 심정으로 주가 동향을 지켜볼 뿐이다.

애초에 이렇게 약한 멘탈로 승리할 리가 없다. 앞에서 이야기했듯 '시세를 보며 기도하게 되면 끝장'이다. 보유한 주식의 주가 하락을 버티지 못하고 손절하면서 끝나고 만다. 전형적인 패배 패턴이다. 옛날에 나도 이런 경험을 수없이 했다.

그런 실패 경험을 축적한 덕분에 지금은 차분하다고 할까, 좋은 의미로 '겁을 먹고' 투자하게 되었다.

겁을 먹었으니 대규모로 매수하지 않는다. '사들이고 나서 주가가 내려가면 어쩌지?' '분명히 더 내려갈 거야'라고 생각하며 매수한다. 물론 일괄 매수 같은 것은 하지 않고 시간을 들여서 천천히 매수한다. 시간을 들여 매수하므로 일시적으로 상승하든 하락하든 상관없다는 생각이 머릿속 어딘가에 있다.

좋은 의미로 '100% 자신감을 가지고 투자하지 않는다'라고 표현할 수도 있다. 소심하다고 할 수도 있고 신중하다고 할 수도 있는데, 자신만만하게 투자하기보다 겁을 먹고 투자하는 편이 더 좋다. 매수할 때는 적당히 약한 모습이 바람직하다.

매수한 주식이 하락하는 일은 누구라도 두려워하는 법이다. 주가가 하락하는 국면에서 매수하는 데에도 용기가 필요하다. 그 지점에서 공포심에 압도당하지 않고 투자할 줄 알아야 한다. 나는 이 심리를 투자할 때의 기준으로 삼는다.

중요한 것은 '기분이 좋지 않은 지점'에서 투자할 수 있느냐다.

'더 하락하면 어쩌지? 이런 악재가 있는데 투자하다니 무서워'라는 위화감을 느끼면서 투자하는 것이다.

내가 느끼는 공포는 아마 다른 투자자들도 공통되게 느끼고 있을 것이다. 그렇다면 그만큼 주가도 저렴해져 있을 것이다. 그리고 최소한 공포가 누그러질 즈음에는 불안 심리로 하락했던 주가가 원래대로 돌아와 있을 것이다.

말하자면 투자자 멘탈을 역으로 이용한 방법이라고도 할 수

주식은 멘탈이다

있다.

공포를 느끼고 있다면 올바른 타이밍에 매수했다는 뜻이다. 역설적이지만 이득을 좇으면 오히려 손해를 보게 된다.

'공포'를 느낀다면 올바른 거래

주식 투자에서 수익이 나기 쉬운 거래란 어떤 거래일까?

바로 '팔고 싶지 않지만 자금 문제로 어쩔 수 없이 파는 사람에게서 사는' 거래다. 상대방의 약점을 이용한 거래라고 할 수 있다.

가장 이해하기 쉬운 예로 신용거래의 추가증거금이 있다. 신용거래에서는 일반적으로 증권을 증거금 대신(대용증권) 거래한다(계좌에 현금이 있으면 이것도 담보 계산에 들어간다). 보유 주식은 시가의 80%로 평가되어 증권사에 담보로 잡혀 거래된다. 이런 거래에서는 주가가 급락하면 신용거래로 매수한 주식의 평가 손실이 불어나는 데다 담보로 잡힌 보유 주식의 평가도 하락하므로, 증거금 유지율을 확보하기 위한 추가증거금(추가담보)이 발생하기 쉬워진다.

일반적으로 신용거래를 하는 사람은 투자 경험이 어느 정도 있기 때문에 시세의 변동에 대비해 여력을 남겨 두고 투자한다.

그러나 코로나 사태와 같이 모든 종목이 동시에 매도되는 형태의 폭락이 찾아오면 예상보다 훨씬 심한 급락에 대응하지 못하게 되므로, 신용거래 투자자 중 다수에게 추가증거금이 발생하는 사태가 일어난다. 추가증거금을 입금하고 어떻게든 버티는 투자자도 있지만, 더 버티지 못해서 울며 겨자 먹기로 보유 종목을 내던질 수밖에 없는 투자자도 많다.

그 투자자들에게는 지옥과도 같이 비참한 상황이지만, 반대 입장에서 보면 그만큼 이득이 되는 상황도 없다.

앞에서 말했듯 '팔고 싶지 않지만 어쩔 수 없이 파는 사람에게서 사는' 거래가 가장 큰 수익을 가져온다. 코로나 사태와 같은 폭락 시에는 그야말로 남들의 약점을 활용해 거래할 수 있다. 주식을 팔아야 하는(팔 수밖에 없는) 사람들이 몰려드는 가운데 사고자 하는 사람은 극소수다. 수요와 공급의 관계로 말하면 공급이 압도적으로 많아서 수요 측은 땅을 뚫고 들어간 저렴한 가격에 매수할 수 있다. 원하던 상품(종목)을 말도 안 되게 싼값에 살 수 있는 것이다. 눈독을 들이던 상품(종목)이 바겐세일로 아주 저렴한 값에 나왔으니 원래대로라면 너도나도 좋아하며 사러 가야 한다.

그러나 막상 종목이 싼값에 나오면 선뜻 손이 가지 않는다. '더 떨어지지 않을까?' 하고 두려워하며 매수를 망설이는 것이

주식은 멘탈이다

다. 폭락이 발생하면 모든 사람이 투매에 나서서 마치 세상의 종말과도 같은 아비규환이 벌어지므로 두려울 만도 하다. 대부분의 투자자는 공포 때문에 매수하지 못한다.

그렇게 망설이는 동안 시세는 바닥을 치고 급등한다. '어떻게 하지…. 그래도 다시 떨어질지도 몰라'라며 아직도 공포를 털어내지 못하고 가만히 있다가, 결국 사고 싶었던 종목이 폭락 전의 수준으로 돌아가는 것을 보고 분하게 여기며 '아, 그때 살걸' 하고 후회하기 시작한다. 멘탈이 약한 투자자에게 흔한 실패다.

누구나 두려워하는 국면에서 매수해야 돈을 벌 수 있다. 상품(종목)의 원래 가치보다 낮은 가격으로 팔 때 사들여 놓으면, 좋은 상품(실적이 좋은 성장 종목)일 경우 반드시 값이 다시 오른다. 두려운 국면에서는 그 종목을 '팔고 싶지 않은 사람'들이 판다. 하루에 끝나는 상황이 아니라 얼마간 계속되므로, 평가 손실이 불어나는 괴로운 시기를 잠시 견뎌야만 한다. 거기서 매수에 나서는 강한 멘탈이 승패를 결정한다.

코로나 사태와 같은 대폭락은 몇 년에 한 번 있을까 말까 한 극단적인 예라고 쳐도(다만 반드시 존재한다는 사실을 역사가 증명한다) 연 단위로 돌아보면 주식시장에는 1년에 몇 번 '조정'이라는 명목의 하락 국면이 꼭 찾아온다.

시세가 순조로운 상승 기조를 보이는 국면은 오히려 드물고, 1년 중 대부분의 기간은 완만하게 움직인다. 상승과 하강을 반복하다가 조정이라는 하락 국면을 끼고 다시 상승하는 리듬이 많다.

시장 전체가 상승 기조인 국면에서는 누구나 매수하고 싶어 한다. 거기서 사들이는 일은 누구라도 할 수 있다. 낙관적인 기분으로 뇌에서 쾌감 물질이 분비되는 가운데 기분 좋게 매수할 것이다.

반대로 시세가 평탄한 국면에서 매수하는 일은 특별히 기분이 좋지 않다. 나아가 하락 국면이라면 공포가 머릿속을 스친다. 그런 '특별히 기분 좋지 않은 지점' '무서운 지점'에서 매수할 수 있느냐가, 승리하는 투자자가 되느냐 되지 못하느냐의 갈림길이다. 매수 타이밍을 진득하게 기다릴 줄 알게 되었다면 승리하는 투자자의 멘탈로 전환했다는 증거다.

앞에서 이야기한 내 경험처럼, 공포를 느끼고 있다면 올바른 거래인 것이다.

'왜 이럴 때 사지?' 하는 생각이 들 때 조금씩 사보자. 매수할 때는 무섭다는 느낌이 들거나, 혹은 특별히 기분이 좋지 않아야 한다.

반대로 기분 좋게 투자했다면 많은 경우 바람직한 매매가 아

주식은 멘탈이다

니다. 기분이 좋지 않아야 정답이다. 그것을 하나의 기준으로
삼아 거래하자.

두려워하며 매수해야 수익이 난다

◆ 기분 좋게 주식을 산다

누구나 매수하는 상승 국면
▷꿈에 부풀어 매매 계획이 없음

실패

◆ 두려워하며 주식을 산다

누구나 매수하지 않는 하락(또는 보합) 국면
▷하락도 계산에 넣어 매매 계획을 구상

성공할 가능성이 높음

결론 매수 타이밍을 기다릴 줄 알게 되면
'승리하는 투자자 멘탈'로 전환할 수 있다

투자 자금은 주식 투자의 '게임 머니'라고 생각한다

주식 투자에서는 어떤 투자 스타일을 선택하든 '모든 종목에서 승리하자'라고 생각해서는 안 된다. 아니, 안 된다기보다도 불가능하다고 말하는 것이 더 정확하다.

아무리 실력이 뛰어난 프로 투자자가 종목을 분석해서 선정하고, 차트도 분석하고, 절대적인 자신감을 가지고 매수했다 해도 주가가 예상대로 상승하지 않는(또는 하락하지 않는) 상황은 피할 수 없다. 특히 단기적인 움직임은 예측할 수 없다. 변화무쌍한 주식의 세계에서 '반드시 이렇게 된다'라는 법칙은 없으므로, 이런 부분은 어쩔 수 없다는 사실을 명심해야 한다.

내가 직접 실천하고 이 책에서도 소개하는 성장주 투자도 마찬가지다. 주가가 기본적인 원리를 따라 움직인다면 향후의 수익성과 연동되어 상승해야 하겠지만, 다양한 요인이 복잡하게 얽혀서 시세가 움직이는 주식시장은 당초의 예상과는 다르게 흘러가기도 한다.

그런 의미에서 예측은 맞을 때도 있고 틀릴 때도 있다. 그것이 주식 투자다. 특히 아직 성장 중인 '젊은 기업'을 대상으로 실시하는 성장주 투자는 일부 종목의 대박을 노리고 시원찮은 종목은 포기한다는 자세로 임해야 한다.

한마디로 표현하면 이렇다.

'합계에서 승리한다.'

신이 아닌 이상 어느 주식이 성장할지는 아무도 모른다. 안다면 분산투자 같은 것은 하지 않고 가장 크게 성장할 종목에 집중투자하면 될 것이다. 그러나 불가능한 이야기다. 주식 투자에서 승리하는 투자자가 되기 위해서는 합계에서 승리하는 싸움을 해야 한다.

성공이 있으면 실패도 있다. 다만 투자할 때는 승산이 있는 승부를 해야 한다. 성장의 가능성도 보이지 않는데 '내려가면 또 올라오겠지' 정도로 낙관하면서 투자하는 것은 이길 가망이 없는 승부나 마찬가지다. 다양한 조건하에 성공이 예감되는 종목과 타이밍을 선택한 후 과감하게 투자하자.

●

주식시장에 투입할 자금의 보급선을 확보하자

여기서 내가 권하는 성장주 투자의 전제는 직장인 투자자(주식 투자 외에 본업이 있는 겸업 투자자)의 강점인 '정기적으로 돈을 투입할 수 있으며, 투자 자금을 곧바로 뺄 필요가 없다'이다.

성장주 투자는 기본적으로는 연 단위의 시간이 걸리는 투자 방법이며, 등락도 대형주보다 심하다. 주식시장이라는 전쟁터의 보급선을 정기적으로 확보하지 못하면 병력이 피폐해져서 몇 년에 걸친 전투가 불가능해진다.

계속 투자하다 보면 배당금, 주주우대, 주식 대여 금리 등의 돈이 들어와서 자산이 서서히 늘어난다. 그렇게 늘어난 자금도 다시 투자함으로써 전력이 증강된다. 돈이 조금 벌렸다고 해서 수익금을 빼내 투자 외의 목적으로 써 버려서는 이길 수 있는 전투도 이기지 못하게 된다.

주식 투자는 '곱셈'의 세계다. 다시 말해 증권 계좌에 돈을 얼마나 입금할 수 있느냐가 승부를 결정한다. 장래 곱셈의 바탕이 될 숫자이므로 매우 중요하기 때문이다.

예를 들어 1만 엔의 100배는 100만 엔이다. 그 100만 엔의 2배는 200만 엔이다. 이렇게 자본이 늘어날수록 주식 투자에서 버는 돈도 커진다.

당연한 이야기이지만 투자 자금이 많으면 많을수록, 다시 말해 보유 주식 수가 많을수록 주가 상승 시의 수익이 커진다. 반대로 주가가 하락하면 손실도 커지지만 그런 리스크의 경감을 위해 분산투자가 있고 장기 투자도 있는 것이다.

종목을 분산하는 데에나 매수 타이밍을 분산하는 데에도 자금이 필요하다. 수중에 군자금이 없으면 아무리 뛰어난 전법을 구사해도 이기기 어렵다. 설령 이긴다고 해도 대승을 거두기는 어렵다.

최종적으로 투자자가 원하는(목표로 삼는) 것은 합계를 냈을 때 큰 금액이 들어와 있는 일이다. 처음부터 적은 돈만 벌 목적으로 주식 투자를 시작하는 사람은 아마 적을 것이다. 최소한 내가 실시하는 '성장주를 진득하게 보유해서 수익을 늘리는' 방법은 소폭의 시세차익으로 적은 돈을 버는 일을 목적으로 삼지 않는다. 그러기 위해서는 우선 꾸준히 투입할 수 있는 돈이 얼마인지 생각해 봐야 한다.

여기서 조금 설명해 두자면 구체적으로 '현금(보유 자금)'이란 플로우(flow)와 스톡(stock)으로 나눌 수 있다.

플로우란 매달 저축하는 금액이다. 나와 같은 직장인이라면 매달 수입의 10% 정도를 투자 자금으로 돌리는 방법이 있다. 10%는 어디까지나 하나의 기준이므로 자신의 사정에 맞는 액

●

155

수를 정하자.

스톡이란 이미 증권 계좌에 들어 있는 자산 중 약 20%를 현금의 형태로 보유하는 것이다.

중요한 것은 '매달 투자 자금으로 돌리는 돈'이다. 앞에서 설명했듯 투자란 곱셈이다. 투자하는 금액이 많으면 많을수록 주가가 상승할 때 큰돈을 벌 수 있다. 그러기 위해서는 매달 투자 자금을 늘려야 한다.

이렇게 플로우와 스톡으로 투자 자금을 항상 확보하면서 자산을 형성하는 방법은 투자의 고전인 《바빌론 최고의 부자》에도 소개되어 있듯 태곳적부터 일반인들이 부를 얻기 위해 계속해 온 '자산운용의 진리'다.

주식 투자에서는 주가가 상승하는 종목을 찾아내는 일도 중요하지만, 꾸준히(가능하다면 매달) 추가 자금을 투입하는 일도 중요한 포인트다. 투자란 결국 복리 효과를 노리는 일이므로 밑천을 늘리는 일이 중요하다.

그러기 위해서는 성실한 노력이 필요하다. 투자할 자금을 마련하는(적립하는) 노력도 필요하다. 주가가 상승한 종목이 나와도 그 수익을 써 버리지 않고 재투자하는 노력도 필요하다. 그런 성실한 노력과 인내의 성과가 주식 투자의 성공으로 이어진다.

투자는 결코 편하게 돈을 버는 세계가 아니다. 주가가 두세

주식은 멘탈이다

배 상승했을 때, 결과만 보면 가만히 앉아서 돈을 번 것처럼 보인다. 그러나 알고 보면 커다란 주가 변동을 겪으면서도 그 종목을 내던지지 않고 참으며 보유한 대가다. 수익을 얻기 위해서는 거기에 상응하는 리스크도 감당해야 한다.

'비용을 들이지 않는다는 느낌'으로 투자한다

주식 투자에는 항상 공포가 따르는 법이다. 매수한 주식의 가격이 상승해서 돈을 번다는 전제로 주식을 구입하기는 하지만, 무의식 깊은 곳에는 항상 '하락해서 손해를 보면 어쩌지?'라는 약한 멘탈이 도사리고 있다. 애초에 상승 국면을 피해 주가가 그다지 움직이지 않는(또는 하락하는) 국면에서 매수하는 것이 좋다고 말했으니, 공포와 싸우면서 주식을 매수하는 경우가 많아지게 된다.

이렇게 공포에 떠는 멘탈을 진정시키기 위해서는 어떻게 해야 할까?

해답은 배당금과 매달 새로 투입하는 자금(월급으로 추가 투입하는 자금)으로 투자하는 것이다. 적립한다는 느낌으로 투자하는 방법이라고 할 수 있다.

이 방법의 이점은 마치 비용이 발생하지 않는 듯한 느낌으로 투자할 수 있다는 것이다. 비용이 0이라면 투자할 때의 공포를 상당히 누그러뜨릴 수 있다.

가령 배당금과 월급의 일부로 10만 엔을 준비했다고 하자. 그 돈으로 주식을 10만 엔어치 사면 마치 '공짜로 얻은 주식'과 같이 느껴진다. 새로 준비한 추가 자금이 아니라 이미 그곳에 있던 자금을 사용했을 뿐이므로 마음이 상당히 편하다. 돈을 들이지 않고 투자하는 느낌인데다, 월급에서 온 돈이라면 다음 달에도 다시 똑같은 느낌으로 투자할 수 있으므로 멘탈의 안정 감이 완전히 다르다.

이렇게 말하면 '사실 그 10만 엔은 한 번 들어왔던 돈을 재투자한 것이니 현실적으로(경제적으로) 보면 결국 똑같은 것 아닌가?'라는 반론이 있을 수 있다. 그러나 실제로 한 번 체감해 보면 이해가 될 것이다. 정신적으로 정말 편안하다.

주식 투자를 목적으로 따로 빼 놓아서(또는 배당금으로 받아서) 다른 용도가 없던 돈이므로, 실제로는 비용이 드는 것이라고 해도 애초에 자산으로 간주하지 않던 돈이기에 크게 예민해지지 않고 투자할 수 있다.

주식 투자에서 평온한 멘탈은 매우 중요하다. 흔들리지 않는 차분한 멘탈로 판단을 내리면 주식 투자의 성공에 한 걸음 더 가까워지게 된다.

•

주식 투자에 사용하는 돈을 '게임 머니'라고 생각해야 투자가 더 잘 풀린다. 돈에 너무 감정을 쏟으면 잘되지 않는다. 주식으로 큰돈을 버는 사람 중에는 투자 자금을 주식 투자라는 게임 속의 돈으로 여기는 사람이 많다.

투자를 계속하는 일이 필수

◆ **정기적으로 주식 투자에 돈을 투입한다**(자금의 확보)

배당금과 월급의 일부를 '적립'해 계속 투자(밑천을 늘림)

'비용이 0'이라는 느낌으로
투자할 수 있다(멘탈의 안정)

◆ **주식 투자로 큰돈을 벌기 위해서는**
'복리 효과'를 노려야 한다
그러기 위해서는 밑천(자금)**을 늘리는 일이 중요하다**

결론 | **주식 투자 자금을 '게임 머니'라고 생각해야 큰돈을 벌 수 있다**

•

SECTION 2 멘탈 투자법 기초편

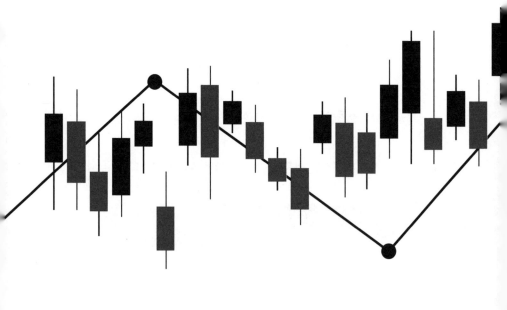

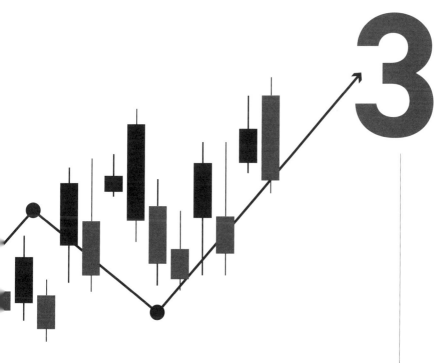

멘탈 투자법
실천편

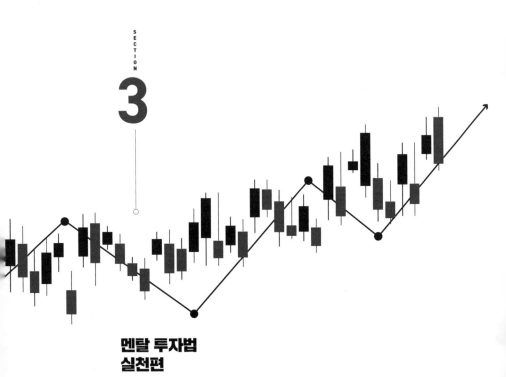

**멘탈 투자법
실천편**

큰돈을 벌고 싶다면
'소형 성장주'를 노려라!

주식 투자에서 성공과 실패를 가르는 것은 종목 선정이다.

종목 선정은 손에 쥔 투자 자금의 액수에 따라서도 달라진다. 주식 초보 또는 그다지 투자 금액이 크지 않은 직장인 투자자의 경우, 큰 수익을 원한다면 '소형 성장주'를 노려야 한다.

주식은 크게 대형주와 소형주로 나눌 수 있다.

대형주란 쉽게 말하자면 누구나 아는 유명한 회사다. 도요타자동차(7203), 패스트리테일링(9983), NTT(9432), 미쓰비시상사(8058) 등의 대기업이다.

어쩐지 대기업 주식을 사야 더 안심이 될 것처럼 느끼는 분도 있을 것이다. 확실히 안심은 할 수 있을지 모른다. 그러나

163

큰돈이 목적이라면 이야기가 달라진다.

대형주, 즉 대기업의 주식은 시장에 발행된 주식의 수가 많은데다 기관투자자라는 소위 '프로'들이 너도나도 보유하고 있기 때문에 주가 변동이 그다지 크지 않다. 게다가 기업이 이미 성숙했기 때문에 주가의 큰 상승을 기대할 수 없는 경우가 많기 때문이다.

주가가 두 배가 된다는 것은 시가총액(주가에서 도출하는 기업 가치)도 2배가 된다는 뜻이다. 이미 5,000억 엔, 1조 엔 수준까지 커진 기업의 시가총액이 더욱 올라가기 위해서는 그만큼 기업의 이익이 증가해야 한다. 거대 기업은 시가총액이 200억 엔, 300억 엔인 기업과는 달라서 주가가 올라가기 쉽지 않다.

그러므로 대규모로 매수할 자금이 있는 프로 투자자와 기관투자자라면 몰라도, 직장인 투자자와 같이 적은 자금으로 돈을 벌고자 하는 겸업 투자자에게 대형주는 그다지 적합하지 않다. 설령 주가가 오른다 해도 자금이 적어서 매수할 수 있는 주식 수가 적으면 수익도 당연히 적어진다.

반면 소형주는 대형주보다 발행 주식 수가 적고 기관투자자들이 대형주만큼 많이 보유하지 않기 때문에, 주가가 안정되어 있지 않고 변동폭이 크다. 시장에 나와 있는 주식이 적은 만큼 그 회사에 무언가 호재가 생기면 주가가 크게 오른다. 그러므

주식은 멘탈이다

로 매수할 수 있는 주식 수가 적어도(적은 자금으로도) 큰돈을 벌 수 있다.

반대로 말하면 악재가 생길 경우 하락폭도 큰 경향이 있다.

좋은 경우든 나쁜 경우든 '소형'인 만큼 가격 변동이 크므로 주의해야 한다. 여기서 조심해야 할 부분은 소형주라고 해서 모두 좋지는 않다는 점이다. 표적은 어디까지나 소형 '성장주' 다시 말해 '앞으로 성장할 회사'의 주식이다.

'소형 성장주'는 이렇게 찾아낸다

그러면 어떤 종목이 '소형 성장주'인지 특징 몇 가지를 들어 보겠다.

우선 첫째로 '소형'이 조건이므로, 그 기업의 시가총액이 300억 엔 미만이어야 한다. 일반적인 정의와는 별개로 '더 큰 주가 상승을 기대할 수 있다'라는 전제하에 소형주의 기준을 잡은 것이다.

여기서 시가총액에 대해 간단히 설명하자면, 회사의 현재 주가에 발행된 주식 수를 곱한 것이다.

가령 어떤 회사의 현재 주가가 1,000엔이고 발행된 주식이 10만 주라면 '1,000엔×10만 주=1억 엔'이므로 시가총액은 1억 엔이다. 쉽게 말하면 그것이 그 회사에 대한 시장의 평가, 다시 말해 '기업 가치'다.

앞에서도 언급했지만, 시가총액이 1,000억 엔 이상인 기업이라면 거기서 시가총액(곧 주가)이 크게 상승하는 일은 어렵다. 무거운 물건일수록 들어 올리는 데에 큰 힘이 필요한 것과 똑같은 이치다.

그 점에서 시가총액이 작은 소형주는 회사 자체가 아직 성숙하지 않았기 때문에 아직 더 성장해서 시가총액이 커질 가능성이 있다. 회사가 커져서 주가가 상승할 여지가 충분히 있다는 뜻이다. 주식 투자에서 가장 수익이 큰 부분은 기업의 시가총액이 상승하는 과정, 즉 회사가 성장하는 과정이다.

그러면 '성장주'는 어떻게 찾아내야 할까?

한마디로 매년 매출과 이익이 증가하는, 다시 말해 매년 돈을 버는 회사를 찾아내면 된다. 찾아내는 방법은 쉽다. 주식 정보지와 인터넷 증권 데이터 사이트에 기업 실적이 실리므로 그것을 보고 지난 3~4년간 그 회사의 매출과 이익이 전 분기보다 증가했는지 보기만 하면 된다. 또 앞에서 말한 시가총액도 주식 정보지와 인터넷 증권 데이터 사이트에 공개되어 있으므로 직접 계산하지 않아도 곧바로 알 수 있다.

주가란 장기적인 관점에서 보면 그 회사의 수익으로 수렴한

주식은 멘탈이다

다. 그러므로 수익이 증가하는 회사, 즉 계속 성장하는 회사의 주가는 그 성장에 연동해서 상승한다.

다만 주가가 성장에 비례해서 항상 상승하느냐 하면 그렇지는 않다. 단기적으로는 오르락내리락하고, 상승 속도도 회사마다 다르다. 그러나 장기적인 관점에서 보면 역시 실적이 상승하는 기업은 주가도 상승한다. 그리고 매출과 이익의 상승폭이 큰 회사일수록 주가 상승률도 높은 경향이 있다.

PER을 보고 '저렴'할 때 산다

소형 성장주를 발견했다면 다음 문제는 '언제 구입하느냐'다. 여기서 조심해야 할 부분은 성장성이 있다는 이유로 그 종목에 '현저한 매수 과열이 일어나지 않았느냐'다.

성장주는 누가 들어도 성장이 기대되는 매력적인 이야기를 내걸고 주식시장에 상장되기 때문에 투자자들의 주목을 받게 된다. 특히 눈썰미 좋은 개인투자자 중에 눈독을 들이는 사람이 많다. 그러므로 이런 종목에 투자할 때는 어느 정도 주가가 뛴 상태라는 사실을 감안하고 투자할 필요가 있다.

그렇다고는 해도 가능한 한 저렴한 타이밍에 구입하고 싶은 법이다. 그래서 성장주를 구입할 때는 주가 수준을 판단하기 위해 PER을 이용한다.

PER이란 주가수익비율이라는 뜻으로, 주가가 그 회사의 1주 당 수익의 몇 배에 해당하느냐를 나타낸다(주가÷1주당 순이익). 그 회사의 이익과 주가의 관계를 보여주는 지표다.

PER이 만능 지표는 아니지만, 최소한 PER의 수준은 그 주식 이 시장에서 얼마나 인기가 있는지 판단하는 요소가 된다. 또 과거와 비교해서 PER의 기준이 높아졌다면 인기의 증거, 그리 고 주가가 높아졌다는 증거다.

PER의 높고 낮음을 살필 때 다른 종목과 비교하는 일은 그 다지 의미가 없다. 예를 들어 상사나 은행 등 성숙한 산업의 PER은 한 자릿수이기 때문에 매출과 이익이 계속해서 두 자릿 수씩 성장하는 성장주와 비교할 수는 없다. 어디까지나 그 종 목 자체의 과거와 비교해서, 주가가 너무 높다면 적절한 수준 으로 내려올 때까지 기다렸다가 구입하는 것이 좋다.

Hamee(3134)의 예를 들어 보면 지난 4년간의 평균 PER은 28 배다. 이 PER을 기준으로 삼아, 이보다 훨씬 높다면(가령 40배) 비싼 상태이고 이보다 낮다면(가령 20배) 저렴한 상태라고 판단 할 수 있다.

구입하고자 하는 종목의 PER 추이를 조사해 보고(※인터넷 증 권 데이터 등을 참고) 가령 40~80배 범위 내에서 움직이고 있다면,

주식은 멘탈이다

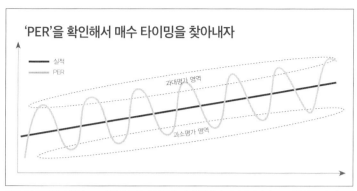

'PER'을 확인해서 매수 타이밍을 찾아내자

실적
PER

과대평가 영역

과소평가 영역

종목마다 적절한 수준의 PER이 있다. 업종과 종목에 따라 '적절'의 기준이 달라지므로 다른 종목과 비교하는 일은 그다지 의미가 없다. PER은 대체로 2배 정도의 폭으로 움직인다. 가령 PER이 40배에서 80배 범위에서 움직이는 종목의 경우, 40배에 근접한 국면(과소평가)에서 매수하면 저렴하므로 리스크가 작다.

80배에 접근하는 국면에서는 비싼 가격이라고 판단해 매수를 미루는 것이 실수를 피하는 비결이다. 반대로 40배에 접근하고 있다면 저렴하다고 판단할 수 있으므로 매수한다.

사장이 어떤 사람인지 알아 둔다

눈길이 가는 소형 성장주를 찾아냈다면 그 회사의 사업 내용을 꼼꼼히 확인하자. 수익 증가나 PER 등의 숫자만 보고 매수해서는 안 된다. 그 회사가 무슨 일을 하는지도 모르는 채로 매수하는 것은 무모하다.

회사의 웹사이트를 보면 투자자를 위한 사업 설명이 있으므로, 그 설명을 보면 사업 내용을 알 수 있다. 사업 내용이 수긍이 된다면 그 주식을 물망에 올린다.

회사 웹사이트를 확인할 때 반드시 함께 봐야 할 부분이, 그 회사의 사장이 어떤 사람이냐 하는 것이다.

가장 먼저 확인할 점은 '오너 사장'인지다.

오너 사장은 그 회사를 세우고, 키우고, 상장까지 끌고 온 주역이다. 사장의 뜻이 그 회사의 방향을 결정하고 회사의 성장에 큰 영향을 미친다고 해도 과언이 아니다. 오너 기업 특유의 적극적이고 대담한 의사결정을 신속하게 내릴 수 있다. 그것이 소형 성장주의 성장 동력인 경우가 많다.

반대로 말하면 '월급 사장'이 경영하는 회사는 수많은 임원들의 합의를 따라 온건한 결과를 도출하는 경우가 많으며 이것은 성장 속도를 억제하는 원인이기도 하다.

오너 사장이 있는 회사는 성장이 더 빠른 만큼 주가도 크게 상승할 가능성이 높다.

또 오너 사장은 그 회사의 대주주이기도 하므로 회사의 실적이 자신의 자산에 직접 영향을 준다. 실적을 높여 주가를 상승시키면 자신의 자산도 늘어나기 때문에 주가에 민감하다. 이런 부분이 월급 사장과의 차이점이며, 오너 사장은 자신의 회사에 대한 책임감의 차원이 다르다.

자신의 손으로 창업하고 상장시키는 데에는 뛰어난 경영 능력이 반드시 필요하다.

상장 기업의 사장 정도가 되면 매스컴의 인터뷰에 등장하거나, 회사 블로그 또는 개인 블로그를 가지고 있다. 그쪽을 확인해 보는 것도 좋다. 또 기업 사이트에 있는 사장의 사진과 인사말, 또는 사장이 나온 영상을 보는 일도 권장한다.

사장의 영상을 통해 숫자만으로는 알 수 없는 회사의 개성과 사업의 특징 등을 탐색할 수 있다. 숫자상의 경영 상태를 아는 것만으로는 그 회사에 투자하는 데에, 즉 그 회사의 주식을 사는 데에 충분하지 않다.

그 회사를 경영하는 사장은 어떤 사람인지 아는 일이 매우 중요하다. 영상을 보면 글만으로는 전달되지 않는 요소도 알 수 있다. 특히 사장들은 회사의 강점과 특징을 어필하는 데에 뛰어나다. 그러므로 사장 본인이 설명하는 다른 회사에는 없는 그 회사의 강점을 듣고 그 이유를 수긍할 수 있다면 매수를 판단하는 근거가 된다.

말하자면 의사의 진찰에 비유할 수 있다. 시가총액, PER, 실적 등 외부에서 판단할 수 있는 숫자는 채혈, 심전도, 혈당, 콜레스테롤 등의 숫자를 보고 건강을 파악하는 것과 같다. 그 후 실제로 환자에게 질문을 하고 몸을 만져 보며 병을 찾아내는 과정에 해당하는 것이 사장에 대해 알아보는 일이다.

사장의 이념을 직접 눈과 귀로 확인하고, 회사의 성장성과 장래성을 판단한다. 나아가 사장이 어떤 사람인지 살펴본다. 활기가 넘치는지, 장인정신이 있는 유형인지, 이론을 중시하는 지, 몸이 앞서는지…. 영상을 통해 사장을 보면 다양한 정보를 얻을 수 있다. 그 결과 '나는 이 회사(사장)와 잘 맞아. 신뢰할 수 있겠어'라는 생각이 들면 매수한다. '나와는 안 맞아'라는 생각이 들면 매수하지 않는다.

이것은 투자 멘탈에도 중요하다.

기업에서 가장 높은 위치에 있는 사장의 사람됨을 신뢰할 수 없거나 자신과 맞지 않는다면 그 회사의 주식을 매수한 후 주가가 하락할 때 불안해서 견디지 못한다. 반대로 사장을 신뢰하고 매수했다면 설령 주가가 하락해도 '그 사장이라면 걱정 없어' 하고 안심할 수 있다.

이 차이는 크다. 주식을 계속 보유하느냐, 견디지 못하고 놓아 버리느냐는 결국 멘탈의 차이라고 할 수 있다. 승부(수익과 손해)의 중요한 갈림길이다.

이미 이야기했듯 소형 성장주는 가격 변동이 커서 주가가 많이 오르내린다. 때로는 롤러코스터처럼 움직이기도 한다. 그래서 단기적으로 바라보면 주가의 변동에 겁을 먹고 금세 내던지게 되므로 주의가 필요하다.

눈앞의 움직임에 현혹되지 않고 1년, 2년 또는 그보다 더 앞을 내다보는 장기 투자의 자세로 보유해야 한다. 장기적으로 보면 그 회사가 성장하는 만큼 주가도 언젠가 따라잡아 상승한다. 그런 투자를 위해서도 사장의 사람됨과 회사의 사업 내용을 확실하게 파악해야 한다.

다만 한가지 조심할 부분은, 만에 하나 당초의 예상이 빗나가 회사의 수익이 하락하거나 성장이 멈춘다면 주가도 떨어질 가능성이 높으므로 그때는 주저 없이 매도하는 편이 좋다.

아무리 장래가 유망한 종목이라도 매수는 저렴할 때 해야 한다. 자신의 투자 자금에 맞추어 매수 가격을 설정하고, PER을 통해 주가가 그 회사의 가치에 비해 저렴한지 판단해서 매수 타이밍을 계산하는 것이다.

저렴한 소형 성장주를 인내심 있게 지켜보다가 저렴하게 사들여서 텐배거를 노려보자.

•

소형 성장주를 찾아내는 비결

❶ **소형주**······시가총액이 300억 엔 미만

❷ **성장성**······지난 3~4년간의 데이터를 보고 매출과
수익이 계속 늘어나고 있는지 확인

❸ **PER**(주가수익비율)**이 저렴한가**······주목하는 종목의
과거와 현재 PER을 비교해 저렴한지 판단

❹ **회사의 사업 내용을 안다**······회사 사이트에서 확인

❺ **오너 사장인가**······소형 성장주에서는 사장의 경영
수완이 중요

❻ **사장의 사람됨을 안다**······매스컴 인터뷰, 회사 사이트
등을 확인(영상이 있으면 마찬가지로 확인)

결론 **가능한 한 이 조건들을 충족하는 회사를**
노린다(모두 충족하지는 않아도 괜찮다)

주식은 멘탈이다

주식은
'기대치'를 보고 산다!

어떤 주식이든 '매수 타이밍'이 있다. 매수해야 할 타이밍인 지 매수해서는 안 되는 타이밍인지, 그 점만 알면 주식 투자에 서 돈을 벌 가능성이 높아진다. 같은 종목을 사도 수익을 올리 는 사람과 손해를 보는 사람이 있는 것은 매수 타이밍의 차이 때문이다.

구시카쓰 다나카홀딩스(3547)의 주식을 예로 들 수 있다. 유 명한 음식점 체인 '구시카쓰 다나카'를 운영하는 회사다. 몰랐 던 분도 있겠지만 구시카쓰 다나카홀딩스는 어엿한 도쿄증시 1 부 상장 종목이다. 구시카쓰 다나카홀딩스의 주가 동향을 보면 코로나의 영향을 받기 시작한 2020년 2월부터 주가가 하락했고, 긴급사태 선언 때문에 모든 직영점이 임시 휴업을 발표한 4월 2일, 다음날에는 867엔까지 내려갔다. 그전에 2,000엔 이상이었던 주가가 절반 아래로 떨어진 것이다.

그러나 그 후의 움직임을 보면 서서히 회복해서, 긴급사태 선언의 해제가 전망되던 5월에 들어서자 1,600엔대까지 돌아왔다. 바닥이었던 800엔대의 2배에 가까우니 만약 800엔대에서 매수했다면 2배에 가까운 돈을 벌었을 것이다.

이처럼 기업의 전망이 불안할 때는 주가가 낮아지고, 전망에 대한 불안이 해소되면 주가가 높아진다. 그렇다고는 해도 최악의 상황에서 매수했다가 회사가 망하기라도 하면 큰일이다. 주가가 내려갔다고 해서 무턱대고 매수해서는 안 된다. 하락한 채로 회복하지 못하는 주식, 매수했을 때보다 더 떨어져서 손해가 되는 주식도 존재하기 때문이다.

그러면 매수해도 좋은 때와 매수해서는 안 되는 때를 어떻게 구분할까? 매수 타이밍은 어떻게 알아내야 할까?

여기서 중요한 것이 '기대치'다.

매수 타이밍을 알려주는 '기대치' 구하기

기대치는 계산을 통해 구할 수 있다. 계산이라고 하면 어렵

주식은 멘탈이다

게 생각할 수 있지만, 누구나 할 수 있는 간단한 계산이다.

예를 들어 100엔을 투자한 경우의 기대치를 계산해 보자. 100엔을 투자하면 0엔이 될 가능성이 20%, 200엔이 될 가능성이 80%라고 치면 계산은 다음과 같다.

0엔 × 20% + 200엔 × 80% = 160엔

100엔의 투자금에 대해 160엔이 돌아오므로 기대치는 1.6(160÷100), 즉 100엔에 대해 60엔의 수익을 올릴 수 있다.

반대로 0엔이 될 가능성이 80%, 200엔이 될 가능성이 20%라면 다음과 같다.

0엔 × 80% + 200엔 × 20% = 40엔

이 경우 기대치가 0.4(40엔÷100엔)이므로 100엔에 대해 60엔의 손해가 발생한다. 투자를 해도 돈을 잃을 가능성이 높은 것이다.

기대치가 1을 넘지 않으면 투자해도 돈을 벌 가능성이 낮다.

반대로 기대치가 2나 3 정도로 크면 클수록 돈을 벌 가능성이 높아진다.

사실 이 '기대치'의 계산 방법은 '무라카미 펀드'로 한 시대를 풍미한 무라카미 요시아키가 투자용으로 고안한 것으로, 원래 통계학의 기대치와는 조금 다르다.

무라카미는 이렇게 말했다.

'기대치가 1을 넘지 않으면 투자하는 의미가 없다.'

투자할 때의 판단 기준으로 이 기대치를 알아 두면 도움이 된다.

그러면 실제로 이 기대치를 주식 투자에 적용해 보자.

주식의 경우는 '기대치=(하락했을 때의 주가×하락할 확률)+(상승했을 때의 주가×상승할 확률)'이다.

이렇게 설명하면 어렵게 느껴질 수 있으니 구체적으로 구시카쓰 다나카의 예로 돌아가 보자. 전 직영점 휴업으로 주가가 800엔대로 내려갔을 때의 기대치를 계산해 보겠다.

편의를 위해 주가가 800엔이라고 치겠다. 가령 회사가 망하면 주가는 0엔이 되는데, 거기까지 가기 전에 300엔까지 떨어지면 포기하고 매도한다고 하자. 한편 주가가 상승하면 원래 수준인 2,000엔 정도까지 돌아간다고 가정한다.

앞의 계산식에 하락했을 때의 주가 300엔, 상승했을 때의 주가 2,000엔을 대입한다. 하락했을 때의 주가는 손절의 기준이 되는 주가다. 상승했을 때의 주가는 팔고 싶은 주가, 또는 회복될 것이라고 생각하는 주가다. 이제 하락할 확률과 상승할 확률을 어떻게 설정할까?

이대로 전 직영점 휴업이 장기화되고 매출이 떨어져서 최악의 경우 폐업으로 이어질까? 아니면 긴급사태 선언이 끝나고

■ '구시카쓰 다나카' 차트

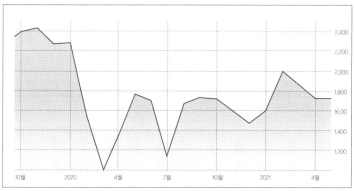

코로나 사태 때 주가는 800엔대까지 폭락. 그때의 기대치는 800엔에 대해 980엔이 돌아오는 1.225였다. 기대치가 1 이상이었으므로 매수했다. 그 후 한때 2,000엔 이상을 기록하며 두 배 이상으로 회복했다.

언젠가 코로나 사태도 수습되어 매출이 회복될까? 그 가능성을 생각해 보자.

'저 정도로 인기 있는 브랜드를 보유한 도쿄증시 1부 상장기업이 긴급사태 기간 동안 망할 것이라고는 생각하기 어렵지만, 그래도 매출은 줄어들 것이다. 하지만 영업을 재개하면 손님이 다시 올 거고…. 그러면 300엔까지 떨어질 확률을 조금 많게 60%로 잡고, 2,000엔까지 돌아갈 확률을 40%라고 할까?'

이 정도 느낌이면 충분하다. 대략적인 기준을 설정해 보자. 다만 상승할 확률을 낙관적으로 생각하지 말고 조금 적은 듯하게 예상한다.

•

그러면 실제 기대치를 계산해 보자.

300엔 × 0.6 + 2,000엔 × 0.4 = 980엔

결과는 현재의 800엔보다 180엔 더 많다.

여기서 도출한 기대치는 1.225(980엔÷800엔).

무라카미 펀드식으로 말하면 '기대치가 1을 넘었으므로 투자 가치가 있음'이 된다. 다시 말해 돈을 벌 가능성이 높은 것이다.

그런데 만약 폭락 후 1,600엔대로 회복했을 때 매수했다면 어떨까?

상승 시에 기대한 주가는 여전히 2,000엔이라고 가정하고, 하락한(손절할) 주가를 긴급사태 때의 급락 수준인 800엔이라고 하자. 각각의 확률은 반반이라고 친다.

800엔 × 0.5 + 2,000엔 × 0.5 = 1,400엔

기대치는 0.875로 1보다 낮다. 1,600엔보다 200엔 손해를 보게 된다.

이 경우 매수하지 않는 쪽이 좋다는 판단을 내릴 수 있다. 애초에 상승의 여지가 적은 데다 하락했을 때의 낙폭이 커지므로 매수하지 않는 것이 낫다.

실제로 그 후 주가는 다시 내려가 1,000엔대를 기록했다. 거기서 견디지 못하고 매도하면 손절이 되는 것이다(2021년 6월 중순 주가는 1,900엔). 이처럼 같은 종목이라도 그때그때 주가와 경영

주식은 멘탈이다

상황, 세상의 상황에 따라 기대치가 달라진다.

눈독을 들이던 종목을 매수하고자 한다면, 그 시점의 기대치를 잊지 말고 계산해 봐야 한다.

그때 기대치의 계산식에 넣을 주가와 확률은 어디까지나 하나의 기준이므로 자신의 느낌대로 설정하면 된다.

기대치가 높은 주식일수록 돈을 벌 확률이 높으므로 매수한다. 기대치가 1보다 낮은 주식은 돈을 벌 확률이 낮으므로 매수하지 않는 편이 좋다.

기대치가 높은 주식을 골라서 매수하면 수익이 날 확률도 크게 높아진다.

SECTION 3 멘탈 투자법 실천편

폭락은
'바겐세일'이라고 생각하자!

2020년 3월부터 세계 시장을 덮친 코로나 사태로 인한 대폭락은 주식 투자자들을 공포에 빠트렸다.

미국 시장은 엄청난 폭락으로 인해 서킷브레이커(급격한 하락이 발생할 시 그 이상 하락하지 않도록 하는 시스템)가 여러 번 발동되었고 일본 시장도 연일 대폭락했다. 멈출 기미도 보이지 않아, 마치 롤러코스터에 탄 채 바닥없는 수렁으로 곤두박질치는 듯한 공포를 느낀 투자자가 대다수였을 것이다.

견딜 수 없어서 들고 있던 주식을 손절한다. 그러나 결과적으로는 그곳이 바닥이었는데, 그 후의 상승 국면에서도 '언제 또 하락할지 몰라'라는 두려움 때문에 매수에 나서지 못한다.

●

팔아 버린 주식의 상승을 그저 억울한 심정으로 지켜볼 뿐. 당시 이런 과정을 겪은 사람이 많았을 것이다.

결과론적으로 볼 때(알고 보면 결과론이 아니지만) 만약 코로나로 인한 대폭락 때 팔지 않았거나 혹은 사들였다면 그 후의 상승장에서 수익을 올렸을 것이다. 닛케이 평균은 한때 3만 엔을 넘었고 개별 종목 중 다수도 폭락 전의 수준 이상으로 돌아왔다.

그러면 왜 폭락할 때는 버티지 못하고 팔게 되는 것일까? 또는 왜 사지 못하는 것일까?

'폭락'이라는 비상사태에 직면하면 냉철한 판단을 내리지 못하는 정신상태가 되기 때문이다.

즉 멘탈의 문제다.

그러면 어떻게 해야 할까?

'소비자 멘탈'은 폭락을 위험이라고 인식하지만, '투자자 멘탈'은 폭락을 큰 기회로 인식한다. 이 멘탈의 전환이 이루어지지 않는 한 영원히 실패하는 트레이더로 머물고 만다.

코로나 사태는 역사적인 대폭락이었다고 해도, 주식시장에서는 1년에 몇 번은 반드시 '조정'이라는 이름의 급락 국면이 온다. 거기서 어떤 행동을 취해야 돈을 벌 수 있을까?

다시 말해 어떻게 하면 '승리하는 멘탈'로 전환할 수 있을까?

코로나 사태를 예로 들어 설명하겠다.

•

SECTION 3 멘탈 투자법 실천편

리스크 뒤에 기회가 있다

우선 당시의 상황을 정리해 보자.

코로나 바이러스 때문에 전 세계가 혼란에 빠지고 세계 경제도 큰 타격을 입었다. 세계 경제의 앞날이 불안해지면서 주식도 매도가 우세해져 대폭락했다. 그야말로 대공황 상태로, 대부분의 투자자가 큰 손해를 보며 주식을 투매했다. 코로나에 관한 비관적인 뉴스만이 세간에 나돌고 주식 투자에는 리스크밖에 없는 것처럼 보였다.

'이대로 가면 주가가 점점 내려가서 주식이 휴지조각이 되는 게 아닐까?'

누구나 그런 공포를 느꼈을 것이다.

거기서 공포에 굴복해 매도하는 투자자는 언제까지나 패배할 뿐이다.

승리하는 투자자의 멘탈을 갖추기 위해서는 공포심을 일단 접어 두고 상황을 냉철하게 분석해 봐야 한다.

'정말 이대로 주가가 내려가기만 해서, 가령 닛케이 평균이 0엔이 될 수 있을까?'

차분히 생각해 보면 그럴 리가 없다. 어떤 대폭락이 오더라도 주식이란 언젠가 바닥을 치고 반등하는 법이다. 지금까지의 역사가 그 사실을 증명한다.

2008년에 일어난 리먼 사태를 예로 들 수 있다. 미국의 투자 은행 리먼 브라더스의 파산을 계기로 세계 금융 위기가 시작되어 전 세계의 주가가 대폭락했다. 투자자들은 모두 '이대로 하락이 멈추지 않으면 어쩌지?' 하는 두려움에 너도나도 투매에 나섰다. 당시 닛케이 평균은 약 18,000엔에서 계속 떨어져 6,994엔이 되어서야 멈췄다. 바닥을 치기까지 약 1년 반의 기간이 걸렸다.

나도 당시는 허둥지둥 서두르며 거래한 탓에 투자 자금의 거의 전부, 당시의 내 전 재산을 잃고 말았다. 지금 돌아보면 당시의 나는 '투자자 멘탈'을 전혀 갖추고 있지 못했다. 내 자금은 0이 되었지만, 주식시장은 당연하게도 내가 두려워하던 것과는 달리 0이 되지 않았다. 아무리 롤러코스터처럼 주가가 추락한다 해도, 그렇게 계속 하락하기만 하는 주식은 없다. 주식시장은 언젠가 반드시 바닥을 친다.

그리고 바닥을 친 후에는 다시 상승한다. 도중에 물론 기복은 있지만, 최종적으로는 2018년 10월에 24,448엔까지 상승했다. 리먼 사태가 일어나기 전의 18,000엔보다 6,000엔 이상 많은 숫자다.

SECTION 3 멘탈 투자법 실천편

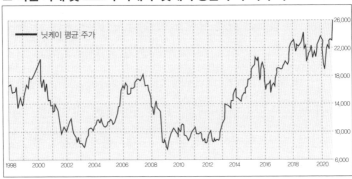

■ 리먼 사태 및 코로나 사태와 '닛케이 평균 주가'의 추이

2008년 리먼 사태에서는 닛케이 평균이 1년 반 동안 18,000엔에서 6,994엔까지 대폭락했다. 그러나 바닥을 친 후에는 24,448엔(2018년 10월)까지 상승했다. 리먼 사태가 일어나기 전의 18,000엔보다 6,000엔 이상 높은 숫자다. 나아가 2021년에는 한때 3만 엔을 넘었다.

코로나 사태로 주가가 폭락한 이번에도 리먼 사태와 마찬가지 현상이 일어나고 있다. 닛케이 평균 주가는 폭락 전의 수준을 가볍게 돌파해 3만 엔이라는 대기록을 세웠다. 마치 코로나 사태가 언제 있었느냐는 듯한 상승이다. 한창 폭락하던 와중에는 마치 세상이 끝장난 듯한 뉴스만이 넘쳐나고, 또 그런 뉴스에만 눈길이 간다. 그러나 폭락은 언젠가 끝나고 반등이 찾아오는 법이다. 리먼 사태와 코로나 사태 등 지금까지의 역사가 증명하는 사실이다.

수익을 올리는 투자자 멘탈을 갖추기 위해서는 눈앞의 리스크만 봐서는 안 된다. 리스크 뒤에 있는 기회를 주목하자.

●

주식은 멘탈이다

폭락하면 '그림의 떡'이었던 주식을 저렴하게 살 수 있다

다음으로 개별 종목도 살펴보자.

디즈니 리조트를 운영하는 오리엔탈랜드(4661)를 예로 들어 보겠다.

2020년 1월에 16,000엔이었던 주가는 코로나 사태로 폭락해 12,000엔이 되었다. 4,000엔(한 단위에 40만 엔)이나 하락했으니 버티지 못하고 매도한 사람도 많을 것이다.

그러나 코로나 사태가 진정된 후 주가는 상승으로 돌아서서, 한때 18,000엔으로 폭락 전보다도 높아졌다(2021년 6월 중순 기준으로 다시 16,000엔대). 팔지 않았다면, 또는 사들였다면 수익을 올렸을 것이다.

오리엔탈랜드는 인기 있는 종목이다. 보유하고 있으면 주주 우대 입장권을 받을 수 있기 때문에 평소에는 가격이 잘 내려가지 않는다. 그래서 코로나 사태로 인한 하락 경향이 진정되자 다시 매수가 들어와 주가가 상승한 것이다. 폭락할 때는 좋은 종목이나 나쁜 종목이나 다 같이 매도되기 때문에, 오리엔탈랜드와 같이 평소에는 잘 하락하지 않는 인기 종목도 저렴하게 매수할 수 있다.

이런 기회는 이번과 같은 폭락, 또는 1년에 몇 번 있는 조정 국면에만 찾아온다. 한 단위(100주)를 매수하는 데에 160만 엔이 들었던 종목이 무려 120만 엔으로 내려가는 것이다. 그전에는 비싸서 손을 댈 수 없던 그림의 떡을 40만 엔이나 할인된 가격에 사들일 기회다.

다만 한가지 주의할 점이 있다. 아무리 할인되어 저렴해졌다고 해도, 사도 좋은 주식과 사면 안 되는 주식이 있다는 것이다.

사도 좋은 주식은 실적이 좋은 회사의 주식이다. 오리엔탈랜드와 같이 수익이 계속 증가하는 회사, 성장하는 회사의 주식이다. 또 간단한 기준 하나는 누구나 아는 대기업이어야 한다는 것이다. 이러한 회사의 주식을 매수해 두면 폭락이 끝났을 때 언젠가 주가가 제자리로 돌아온다. 최소한 폭락 전 수준의 부근까지는 돌아오는 경우가 대부분이다.

예를 들어 코로나 사태가 수습된 후 디즈니랜드와 디즈니씨가 어떻게 될지 생각해 보면 이해하기 쉽다. 분명히 다들 다시 갈 것이다. 그저 가는 정도가 아니라, 그때까지 가고 싶으면서도 못 갔던 만큼 방문객이 쏟아져 들어올 수도 있다. 그렇게 되면 실적도 향상될 것이다. 그 시점에서 주가도 부활할 것이다.

여기서 주의할 점은, 매수한 주식이 잠시 후 하락했다고 해서 매도해서는 안 된다는 것이다. '사도 좋은 주식'이라면 다시 상승할 것이다. 애초에 상당히 하락한 상태이므로 한동안 보유

■ '오리엔탈랜드' 차트

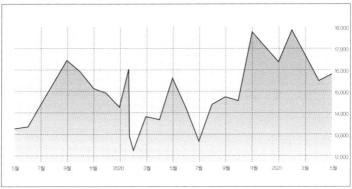

2020년 1월에 16,000엔이었던 오리엔탈랜드의 주가는 코로나 사태로 인한 폭락 때 12,000엔이 되었다. 그후 코로나 사태가 진정되자 주가는 상승으로 돌아서서 18,000엔이라는 폭락 전보다 높은 숫자가 되었다. 실적이 좋은 기업의 주식은 일시적인 충격으로 하락해도 시장 환경이 수습되면 다시 회복한다.

하고 있으면 매수 가격보다 오를 것이다. 당장의 주가 변동에 속지 말자. 인내가 중요하다.

반대로 사면 안 되는 주식은 실적이 나쁜 회사의 주식이다. 저렴하다는 이유로 욕심을 내서 매수하면 폭락 전보다 실적이 더 나빠져서 최악의 경우 도산할 수도 있다. 도산까지는 하지 않더라도 원래의 주가로 돌아가지 못하고 저조한 상태를 유지할 가능성이 있다. 아무리 저렴하더라도 애초에 실적이 나쁜 회사의 주식은 사서는 안 된다.

또 한가지 조심할 점은 절대 단기간 동안 승부를 보려 해서는 안 된다는 것이다. 1년 뒤, 아니 2년 뒤, 3년 뒤…. 5년 뒤까

·

SECTION 3 멘탈 투자법 실천편

지 내다보는 장기 투자에서는 주가가 하락했을 때 매수하면 나중에 몇 배로 되돌아온다.

앞에서도 언급한 '투자의 신' 워렌 버핏도 이렇게 말했다.

'주식 투자에서 손해를 보는 사람이 많다. 불우한 투자자는 여건이 좋을 때에만 투자하고 공포심이 자극될 때 매각하기 때문이다.'

실제로 버핏은 리먼 사태로 인한 폭락 때 저렴해진 우량주를 대규모로 매수해 큰 수익을 올렸다. 그때 버핏은 이렇게 말했다. '지금 내가 미국 주식을 사는 이유는 아주 단순하다. 시장이 욕심을 부릴 때는 신중하고, 시장에 공포가 퍼져 나갈 때는 욕심을 부려야 하기 때문이다.'

다만 실적이 확실한 회사의 주식을 장기 투자 목적으로 매수하는 일을 잊지 말아야 한다.

폭락은 '주식의 바겐세일'이다. 사 두면 이득인 좋은 주식을 저렴하게 사서 확실하게 돈을 벌 기회다. 주식 격언 중에도 '남들이 가지 않는 뒷길에 꽃 핀 산이 있다'라는 말이 있다.

폭락이나 급락으로 시장이 공포에 얼어붙고 모두들 매도할 때야말로 수익을 올릴 기회다. 그렇게 생각하면 차분하게 '돈을 버는 투자자 멘탈'로 전환할 수 있다.

주식은 멘탈이다

폭락은 돈을 벌 절호의 기회

◆ '소비자의 사고방식'

⬇

'폭락은 위험' ▷ 서둘러 손절(무서워서 매수하지 못함)

⬇

패배하는 투자자 멘탈

◆ '투자자의 사고방식'

⬇

'폭락은 돈을 벌 좋은 기회' ▷ 신이 나서 매수

⬇

승리하는 투자자 멘탈

결론 ┃ 폭락은 저렴하게 매수할 기회!
바겐세일이라고 생각하고 사들이자

자금의 여유
=멘탈의 여유

주식 투자에서 특히 초보자가 가장 두려워하는 것은 보유한 주식의 가치가 하락해 평가액 손실이 발생하는 일일 것이다.

그러나 주식 투자를 계속하는 이상 평가액 손실은 피할 수 없다. 나중에 상승할 주식이라도 단기적으로 들여다보면 반드시 매수 가격보다 내려가는 국면이 발생하고 만다. 사자마자 나를 위해서 상승하는 주식은 없으며 하락은 반드시 일어나는 현상이다.

특히 성장주는 주가가 항상 장래의 성장성을 반영해 현재의 가치보다 높은 수준에서 움직이므로, 무언가 충격이 발생하면 일시적으로 하락하는 일이 충분히 있을 수 있다.

주식은 멘탈이다

나중에 상승할 종목이라도 주가는 항상 등락을 반복하므로 하락은 피할 수 없다. 그렇다면 하락 국면에서는 어떻게 대처해야 할까? 올바른 대처 방법을 알아 두면 허둥대며 손절하는 일도 없을 것이다.

하락 국면에서는 아무래도 멘탈이 크게 동요하기 쉬우므로, 사전에 대처법을 익혀 두면 동요를 가라앉히고 냉철한 멘탈로 승리하는 투자자가 될 수 있다.

주식은 당연히 하락하는 것이라고 생각한다

하락 국면에 동요하게 되는 첫째 원인은 투자한 종목의 주가가 하락할 것이라는 생각을 하지 못했기 때문이다.

투자자는 주식을 구입할 때와 이익을 실현할 때 뇌에서 쾌감 물질이 분비된다. '자산을 늘린다=생존에 유리한 행위'라는 본능에서 비롯되는 당연한 현상이다.

그래서 특히 경험이 적은 초보자는 주식을 매수할 때 냉철할 수 없다. 머릿속에 주가 상승만 있으므로 자신이 매수한 종목이 어쩌면 하락할지도 모른다는 생각은 잘하지 못한다.

매수한 주식이 운 좋게 상승한다 해도 '이대로 계속 상승하지 않을까?'라는 망상을 하고 만다. 흔히 있는 '머릿속이 꽃밭'

상태다. 완전히 패배하는 패턴의 '소비자 멘탈'인 것이다.

투자하지 않은(매수하지 않은) 사람은 주가가 내려갈지도 모른다고 생각하며 신중하고 냉철하게 판단할 수 있다. 그러나 실제로 포지션을 보유(주식을 보유)한 상태에서 주가가 상승하면 마치 그대로 영원히 상승할 듯한 기분에 사로잡힌다.

그러나 차분하게 생각해 보면 주식 시세가 언제까지나 상승할 리 없다.

상승 트렌드라는 커다란 흐름 속에서 계속 상승하는 것은 사실이지만, 반드시 조정 국면이 찾아온다. 주가가 하락하는 순간이 반드시 온다는 뜻이다. 자칫하면 그때까지 수익이 발생하는 상태였다가도 갑자기 매수 가격보다 하락해서 손실 상태가 되기도 한다.

그런 하락 국면을 처음부터 염두에 두고 '하락할 때는 어떻게 할까?'라는 마음의 준비를 해 두는 것이 승리하는 투자자가 되는 데에 필수다.

포지션을 유지하면서 추가 투자 자금도 항상 남겨 둔다

구체적인 대처 방법에는 세 가지가 있다.

◆ 하나의 종목을 몇 달에 걸쳐 분할 매수함으로써 하락 국

면에서도 투자(추가 매수)할 수 있도록 한다.

　◆ 현금 포지션을 어느 정도 유지해서 그 범위 내에서 추가 투자할 수 있도록 한다.

　◆ 일단 모든 포지션을 손절하고 물러난 후 상승 국면이 찾아오면 다시 투자(매수)한다.

대략 이 정도를 생각할 수 있다.

이 세 가지 방법 중 정답은 정해져 있지 않다. 그 사람의 투자 방법에 따라 취하는 전략도 달라진다.

내 경우는 중장기 성장주 투자이므로 현금 포지션을 항상 유지하면서(추가 매수가 가능한 투자 자금을 항상 유지하면서) 분할 매매하는 방법으로 대응한다.

매수한 뒤 어느 정도 주가가 내려가는 일은 예상 범위 내에 있는 것으로 받아들이면서 포지션을 유지(계속 보유)하는 것이다. 일정한 현금의 보유를 통해 주가 하락에 대비할 수 있다.

'상승할 것이라는 자신이 있다면 전부 투자해야 한다'라는 사고방식도 있을 것이다. 그러나 성장주 투자는 주가가 큰 폭으로 오르내리는 것이 특징이다. 중장기적으로는 상승할 가능성이 높더라도 그 도중에는 주가가 반 토막 날 수도 있다는 점을 염두에 두고 투자한다.

●

꼭 성장주만이 아니더라도 주식시장에서는 무슨 일이 일어날지 알 수 없다. 코로나 사태 때는 시세 전체가 크게 하락하고 개별 종목도 거의 반 토막이 났다(그보다 더 내려간 종목도 있다). 아무리 유망주라도 시장 전체의 충격을 거스를 수는 없다. 내가 보유한 종목도 대부분 반값에 가깝게 떨어졌다.

투자 자금을 전부 쏟아부은 상태라면 이렇게 예상외의 상황이 발생했을 때 견뎌낼 수 없다. 보유한 주식이 점점 하락하는 것을 손 쓸 도리 없이 지켜볼 뿐이다. 초조한 기분 속에 멘탈이 깎여 나간다. 결국 버티다 못해 손절해서 큰 손해를 보게 될 수도 있다.

다행히 나는 하락 국면이 반드시 온다는 사실을 염두에 두고 있었기 때문에 추가 투자를 위한 자금을 보유하고 있었다.

'수익이 날 주식이라면 전부 투자해야 한다'라는 생각으로 모든 자금을 매수에 썼다면 아마 나도 코로나 사태 때 버티지 못하고 대다수의 종목을 손절했을 것이다. 그러나 나는 처음부터 하락을 대비하는 마음가짐을 갖추고 있었기 때문에 코로나 사태 때도 허둥대며 손절할 필요가 없었고, 오히려 추가 매수를 할 수 있었기 때문에 그 후의 상승 국면에서 보유 주식의 가격이 코로나 사태 전보다도 더 상승했다.

주가 하락은 돈을 벌 기회

보유한 주식의 가격이 하락하면 누구라도 괴롭다. 실제로 자산이 줄어드는 일이니 안절부절 못하게 된다. 앞에서 뇌의 쾌감 물질 이야기를 했는데, 매수할 때의 흥분한 상태와는 반대로 뇌에서 부정적인 물질이 분비되는 것이 틀림없다. 그런 상황에서 '승리하는 투자자 멘탈'로 전환하기 위해서는 어떻게 해야 할까?

그러기 위해서는 관점을 바꾸어야 한다.

아직 매수하지 않은 유망 종목이 있고, 그 종목의 주가가 하락했다면 어떨까? 그때까지 비싸서 매수하지 못했던 종목을 매수할 수 있는 좋은 기회다.

신규 거래를 하고자 하는 사람의 입장에서 주가 하락은 돈을 벌 기회인 것이다.

이처럼 유망주의 가격이 내려가면 매수해 보자는 자세를 가지고, 하락을 기회로 여기는 발상의 전환이 필요하다.

'말은 그렇게 해도, 평가액에 손실이 발생한 마당에 그럴 기분이 안 나지'라는 심정은 이해한다. 보유 종목의 주가가 하락했을 때 좋아하는 사람은 없다.

다만 처음부터 하락도 예상에 넣고, 일괄 매수 대신 분할 매수를 계획했다면 매수 비용을 낮추어 주식 수를 늘릴 기회이기도 하다.

여기서 중요한 것이 앞에서도 말했듯 현금(투자 자금)의 유무다. 현금이 있느냐 없느냐에 따라 투자자의 멘탈은 완전히 달라진다.

현금을 어느 정도 보유한 상황에서 예상했던 하락 국면을 맞이하면 '충분히 내려가면 사들여야지' '어디서 살까?'라는 마음으로 기다릴 수 있다. 바겐세일에서 원하는 상품을 호시탐탐 노리는 쇼핑객과도 같은 기분이다.

반면 현금에 여유가 없을 경우에는 하락 국면에서 어쩔 도리가 없다.

주가의 하락에 벌벌 떨다가 견디지 못하고 손절한다. 결과적으로 가장 쌀 때 팔고, 주가는 거기서 반등한다. 그 후에는 그저 손가락을 빨며 바라보는 비참한 처지가 되는 것이다. 실제로 이번 코로나 사태 때 시세의 급락에 멘탈이 무너져 손절하는 쓰라림을 겪은 투자자가 얼마나 많았는지 모른다.

신기하게도 자금의 여유는 곧 마음의 여유로 이어진다.

현금을 가지고 있으면 차분한 마음을 유지할 수 있는 것이다. 평상심으로 거래하기 위해서도 항상 일정한 현금을 보유하는 일이 중요하다.

●

주식은 멘탈이다

아무리 유망한 성장주라도 하락 국면은 반드시 온다고 생각하고, 추가 매수를 할 수 있도록 항상 현금(자금)을 준비해 둔다. 그리고 예상대로 하락 국면이 찾아오면 동향을 살피다가 유리한 지점을 노려서 매수한다.

이때도 더 큰 하락의 가능성을 염두에 두고, 자금을 모두 투입하는 것이 아니라 현금을 남겨 둬야 한다.

주가의 하락(조정)을 맞이했을 때 당황하지 않고 '저렴하게 추가 매수할 수 있겠다'라는 생각을 할 수 있게 되면 이긴 것이나 마찬가지다.

웬만한 주가 하락에는 동요하지 않는 멘탈을 보유한 '승리하는 투자자'가 되었다고 할 수 있다.

SECTION 3 멘탈 투자법 실천편

항상 일정한 현금을 보유하자!

◆ 추가 매수 자금(현금)에 여유가 있다

하락 국면을 염두에 둔다 ▷ 매수 기회를 기다릴 수 있다

돈의 여유는 마음의 여유

(승리하는 투자자 멘탈)

◆ 추가 매수 자금(현금)에 여유가 없다

하락 국면을 생각하지 않는다 ▷ 주가 하락에 벌벌 떨다가 견디지 못하고 손절

정신적으로 궁지에 몰려 마음의 여유가 없다

(패배하는 투자자 멘탈)

결론 아무리 유망주라도 하락 국면은 반드시 온다
그럴 때를 위해 추가 매수 자금을 항상
준비해 둔다

'최고의 거래'를 노리기보다 '최악의 거래'를 피한다

주식 투자를 할 때 투자 자금 중 몇 %를 실제로 투자에 사용하는 것이 좋을까?

결론부터 말하면 모든 투자자에게 들어맞는 정해진 비율은 존재하지 않는다. 그 투자자의 투자 전략과 여력(여분의 자금) 등의 조건에 따라 달라지기 때문이다.

만약 인덱스 펀드로 장기 적립식 분산투자를 하고 있다면 여분의 자금은 필요 없을 것이다. 종목별 추가 매수 등을 할 필요가 없으므로 기본적으로 투자 자금을 전부 적립식 투자에 쓰면 된다. 배당이나 우대를 위한 종목을 주로 보유한 경우에도 여분의 자금은 그다지 의식할 필요가 없다.

물론 저렴할 때 매수하기 위한 자금을 다소 남겨 두는 편이 좋기는 하다. 그러나 배당 또는 우대를 노리는 투자에서는 주가를 그다지 의식하지 않으며, 실적이 안정된 대형주는 소형주와 비교하면 주가의 움직임도 안정되어 있기 때문에 상대적으로 안심하고 투자할 수 있다.

조심해야 하는 것은 이 책에서 직장인 겸 투자자에게 권하는 소형 성장주 위주로 투자하는 경우다.

소형 성장주는 주가의 큰 상승을 기대할 수 있는 한편으로, 그 기대가 주가에 반영되기 때문에 성장성에 대한 기대가 사그라지면 주가가 하락한다. 실적이 순조롭게 성장하더라도 매수가 필요 이상으로 들어왔다면 조정(하락)이 일어나며, 전체적인 폭락 등의 계기로 주가가 변동할 수도 있다. 소형주인 이상 이러한 주가 변동이 커질 리스크가 항상 존재한다.

그러므로 예상치 못한 주가 폭락에 대비해 항상 여유 자금을 남겨놓아야 한다.

내 경우는 투자 금액 중 20% 정도를 여유 자금(현금)으로 남겨 둔다. 또 소형 성장주 위주의 투자라고는 해도 오로지 성장주에만 투자하는 것이 아니라 3분의 1 정도는 배당주에 투자한다. 그리고 매달 월급의 일부를 주식 투자에 투입해서 안정되게 투자 자금을 확보하고 있다.

주식은 멘탈이다

이제부터 성장주 투자를 시작하고자 하는 사람은 처음부터 전력을 다해 투자하지 않도록 주의하자. 매수를 위해 준비한 자금의 전액을 매수에 사용하면 주가가 하락했을 때 멘탈이 흔들려서 침착하게 거래할 수 없게 된다.

눈에 들어오는 유망 종목이 있을 때 자금을 전부 투입하고 싶은 충동을 억누를 수 없는 사람이라면, 설령 자금이 충분하다 해도 그 돈을 전부 증권 계좌에 입금하지 않는 편이 좋다. 처음에는 투자 자금의 일부만 입금해서 거래를 시작하자. 그렇게 하면 자금 전액을 투자에 쓰고 싶어도 쓸 수 없으므로 소규모 매수가 가능해진다. 이렇게 조금 매수한 후에는 또 자금의 일부를 입금해서 거래하기를 반복한다.

이 방법을 쓰면 한 번에 대규모 매수하지 않고 서서히 보유 주식 수를 늘릴 수 있다.

처음부터 전력으로 투자하면 주가가 하락해서 주식을 계속 보유하기 어려울 때 '그냥 다 그만두자'라는 생각으로 이어지기 쉽다. 그렇게 멘탈이 무너져서 주식 투자에서 손을 떼는 사람이 얼마나 많은지 모른다.

투자에는 손해가 따르는 법이다. 투자 자금의 일부만 사용해 서서히 경험을 쌓으면서 자신에게 맞는 투자 방법을 찾아내야 한다. 투자 자금을 늘리는 일은 그 후에 해도 늦지 않다.

•

수중에 돈이 있을 때 그 돈을 전부 투자하고 싶은 마음이 드는 것은 이해한다. 그러나 첫술에 배부를 수 없듯 주식 투자도 처음부터 잘되지는 않는다. 성공하는 패턴을 찾아낼 때까지는 보수적으로 투자하는 편이 좋다.

유망 종목을 찾아냈고 돈도 있을 경우, 곧바로 그 돈을 쏟아부어 매수하지 않으면 손해를 본 기분이 들 수도 있다. 특히 주가가 상승하는 국면에서는 뒤처지면 안 된다는 생각에 서둘러 매수하고 싶겠지만, 초조해하지 말자. 초조함을 느끼는 시점에서 이미 멘탈에 불리하다.

패배하는 투자자의 전형적인 패턴이다.

그렇게 초조해하지 않아도 주식시장은 언제든지 진입할 수 있다. 주식시장은 서둘러서 뛰어드는 초보자를 프로들이 기다리고 있다가 잡아먹는 약육강식의 세계다.

'분할 매매'로 비용을 평균화

그러면 승리하는 투자자 멘탈로 전환하기 위해서는 어떻게 생각해야 할까?

"초조해하지 않고 매수해야 한다는 건 알겠는데, 그렇다면 언제 어떻게 매수해야 돈을 버나요?"라고 묻는다면 "가능한 한 하락했을 때를 노려서 매수해야 합니다"라고 대답할 것이다. 당연한 이야기지만 주가가 높을 때보다 낮을 때 매수해야 위험이 적고, 상승했을 때의 수익도 커진다.

"가능한 한 하락했을 때라는 게 언제인가요?"라고 묻는다면 "잘 모릅니다"라고 대답하겠다.

차트 분석에 뛰어난 사람이라면 차트에서 지지선 등의 소위 '단락'을 읽어내고, 그 지점에 다다랐을 때 매수할 수 있을 것이다. 다만 나도 포함해서 하찮은 일개 직장인 투자자들이 전문가처럼 차트를 분석하는 일은 아마 불가능할 것이다. 설령 차트를 읽을 줄 안다고 해도 주가가 정말 지지선보다 더 내려가지 않을지는 아무도 알 수 없다. 지지선을 뚫고 더 내려가는 경우도 있기 때문이다. 그러므로 어디까지 내려갔을 때 매수해야 할지, 정확한 타이밍을 알 수는 없다.

그러면 어떻게 해야 할까? 앞에서 '가능한 한 하락했을 때'라고 말했지만, 정말로 그렇게 할 실력이 있는 사람이라면 몰라도 우리 같은 2류 투자자에게는 쉽지 않다. 그렇다면 주가가 진정되었을 때, 즉 보합 상태일 때 조금 매수하는 것이 최선이다. 조금이라도 사 두면 처음에 매수한 타이밍을 기점으로 포지션을 구성할 수 있다.

포지션을 구성할 때는 주가를 기준으로 삼아 추가 매수하면서 서서히 주식 수를 늘려나가는 방법도 있다. 예를 들어 처음에 매수한 기점이 800엔이라면 750엔, 700엔 하는 식으로 50엔씩 내려갈 때마다 매수하는 것이다. 이 방법을 이용하면 비용을 절감하면서 주식 수를 늘릴 수 있다.

이것은 '분할 매매'의 패턴 중 하나다. 한 번에 일괄 매수하지 않고 여러 번으로 분할해서 매수하면 비용을 평균화할 수 있다. 주가는 장기적으로는 그 회사의 수익에 걸맞은 수준으로 수렴하지만 단기적으로는 무작위로 오르내린다. 앞에서 말했듯 단기적으로는 상승할 확률과 하락할 확률이 각 50%다. 그리고 소형 성장주일수록 주가가 아무렇지 않게 반 토막이 난다. '지금이 매수할 때다'라고 생각했던 지점보다 주가가 더 떨어지는 일이 다반사다. 게다가 어디까지 더 떨어질지 아무도 모른다.

장기적인 투자를 생각하고 있다면 이러한 오르내림에 대비해서 조금씩 다른 매매 타이밍에 매수하는 '분할 매매'를 해야 한다. 그래야만 하락했을 때뿐만이 아니라 상승했을 때에도 좋다. 분할해서 매수하면 결과적으로 매수 가격이 '평균값'이 된다. 주가의 변동폭 중 평균값에 해당하는 비용으로 매수할 수 있는 것이다.

그 결과 일괄 매수한 경우보다 수익은 적을 수 있지만 실패

주식은 멘탈이다

했을 때의 타격도 작다. 여유를 가지고 주가 변동에 대처할 수 있는 만큼 안정된 멘탈을 유지할 수 있다.

'적립식' 분할 매매는 99% 성공하는 방법

나도 옛날에는 단기간 동안 대규모로 매수하는 투자를 실시했고, 그것이 당연하다고 생각했다. 그러나 잘되지 않았다. 그래서 점차 여러 번에 나누어 매수하는 방법을 시험해 봤더니 내게 잘 맞았다.

분할 매매에서는 주식을 사고 싶은 마음을 억누르고 매수 타이밍을 기다리기 때문에 항상 인내해야 한다. 처음에는 괴로웠다. 사고 싶은 욕구를 꾹 참고 견뎌야 하므로, 말하자면 인간 본연의 본능을 거스르는 것이나 마찬가지다. 그러나 그렇게 참는 동안 월급과 보너스를 모아 추가 매수를 위한 자금을 늘리게 되니 정신적으로 더 여유로워졌다.

좋지 않은 비유일지 모르지만, 전투할 때 후방 지원 보급로가 끊기면 싸울 수 없다. 항상 후방 지원이 가능한 상태를 확보하면 병사들의 사기도 높아지고 전투에 이길 확률도 높아진다. 주식 투자를 할 때도 그처럼 멘탈의 우위성이 중요하다.

실제로 내가 어떻게 분할 매수를 했느냐 하면 매수 빈도를

월 1회 정도로 설정했다. 가령 300주를 매수할 예정이라면 1월에 100주, 2월에 100주, 3월에 100주 하는 식으로 10주씩 3개월에 걸쳐 매수하는 것이다.

왜 이렇게 분할 매매를 하느냐 하면, 종목을 조사해 보고 성장주라고 옳게 판단했다면 도중에는 주가의 등락이 있더라도 몇 년 후에는 그 회사의 수익 수준에 걸맞은 주가가 되어 있을 것이기 때문이다. 몇 달(또는 더 장기적으로)에 걸쳐 비교적 긴 기간을 둔다고 해도 몇 년 동안 그 종목을 보유하게 되므로 결코 지나치게 시간을 오래 들이는 것이 아니다. 스윙트레이드로 주가가 오르내리는 동안 매매하며 수익을 챙기는 단기 거래가 아니기 때문에, 시간을 들여 차근차근 사들인 후 최종적으로 장기적인 주가 상승에서 수익을 올리면 된다. 그렇게 생각하면 서둘러 단기간에 사들이지 않고 월 1회 정도로 매수해도 충분하다.

여기서는 실제로 내가 분할 매매하는 Hamee(3134) (126페이지 참고)의 예를 소개하겠다. 분할 매매를 통해 최대한의 수익을 올릴 수는 없어도 큰 실수를 줄이며 투자할 수 있다는 사실을 이해할 수 있을 것이다.

애초에 투자자가 단기간 동안 한꺼번에 주식을 구입하고자 하는 이유는 '지금이 바닥이다'라고 생각하기 때문이다. '여기가 바닥 부근이라면 더이상 내려가지 않고 앞으로 올라갈 것이다'

라고 생각하기에 그 가격에 매수하는 것이다.

그러나 시세의 바닥이 어디인지는 아무도 모른다. 어디까지, 얼마나 오랫동안 내려갈지 알 수 없다는 전제로 투자한다면 일괄 매수는 잘못된 전략이다.

그런데 실제로는 수많은 개인투자자가 매수하기로 계획한 주식 수를 한 번에 모두 매수한다. 1,000주를 매수할 여력이 있으면 1,000주를 한꺼번에 사들이는 것이다. 주가가 순조롭게 상승하면 더할 나위 없이 좋지만 하락할 때는 여력이 없으니 손쓸 도리가 없다.

신속하게 손절하고 더 저렴한 지점에서 다시 매수하는 방법을 실천할 수 있으면 좋지만, 빠르게 손절하지 못하는 사람은 질질 끌다가 손실이 커지고 만다. 이렇게 되면 주가의 하락을 그저 정면으로 받아내는 상태가 되어 멘탈에 타격을 입고 무엇보다도 시간을 낭비하게 된다. 반대로 여력이 있다면 일단 손절하기도 쉽고 추가 투자도 가능하다.

아무리 종목을 잘 골랐더라도 매수 타이밍이 너무 빠르거나 너무 느릴 수 있다. 매수 타이밍을 정확히 계산하는 일은 어차피 불가능하다. 그럴 바에는 시간을 들여 비용을 평균화하면서 매수하면 적어도 매수 기간 중에 평균값은 달성할 수 있다.

매수 기간은 1년, 또는 2년으로 잡아도 괜찮을 것이다. 월 1

회 100주씩 추가 매수하기로 계획하고 실행하는 것이다. 이렇게 하면 매수 가격은 매매 기간의 평균값에 가까워진다. 말하자면 이러한 분할 매수는 그 종목의 '적립'이라고 할 수 있다.

사실 '적립'은 투자에서 높은 확률로 돈을 버는 방법이다. 이것은 '달러 비용 평균법'이라고 하며, 가격이 기본적으로 우상향인 경우 계산상 99%의 확률로 수익을 올린다고 한다. 애초에 이 투자 방법은 달러를 저렴한 비용으로 조달하기 위해 한 유대인이 발명한 방법이며, 이 달러 비용 평균법의 원리로 적립하면 99%의 확률로 손해를 막을 수 있다. 거의 100%의 확률로 승리하는 것이다.

'언제 사들여야 할지 모른다면 계속 사들이면 된다' 이것은 수학적으로도 증명된 법칙이다. 간단히 말하자면 무적이다. 다만 한 가지, 우하향일 경우에는 들어맞지 않는다. 그러므로 종목의 선정이 중요하다. 실적이 우상향인 성장주라면 정기적으로 계속 사들이는 분할 매매가 매우 효과적이다.

월 1회 정도의 빈도로 계속 매수한다

성장주는 어느 정도까지 성장하고 나면 그 후로는 한동안 보합이 이어진다. 계속 성장하는 한 언젠가 다시 상승 곡선을 그리며, 장기적으로 보면 우상향한다. 그러나 이미 상승한 주가가 성장성을 반영해 다시 성장하기까지 보합 기간이 생기는 일은 어쩔 수 없다. 보합 기간은 반년에서 2년 가까이 걸리기도 한다. 이 보합 기간에 시간을 분산해서 계속 매수하는 것이 나의 분할 매매 방식이다.

이런 매매 스타일을 유지하다 보면 종종 계획한 수량만큼 매수하기 전에 주가가 상승하기도 한다. 그러나 분할 매매를 선택한 이상은 어쩔 수 없는 일이다. 오히려 모두 매수하기 전에 상승하는 것이 더 좋다.

계획한 만큼 전부 사들이지 못했다며 유감스럽게 생각하기보다, 아주 여유로운 멘탈로 주가의 상승을 바라보는 쪽이 더 좋기 때문이다.

성장주에 투자할 때는 자신의 실력을 과신하지 않고, 천장이나 바닥을 노려 매매하는 일은 불가능하다는 전제로 투자 전략을 짜는 것이 현명하다. 구체적으로는 여러 달(1년 이상)에 걸쳐 매수하면 그 기간 동안 평균값에 매수할 수 있으므로 실패하지 않게 된다.

성장주 투자는 투자 자금을 몇 배로 돌려줄 가능성이 있지만, 실적 기반이 안정되어 있지 않은 만큼 주가는 실적 동향과 시장 여건에 따라 크게 요동친다. 중장기적으로 보면 우상향인 종목이라도 투자하는 단계에서는 심하게 오르내리기 때문에 투자 타이밍을 알기 어려운 것이 사실이다.

성장주 투자에 절대적인 정답은 없다. 정답이 없다면 가능한 한 리스크가 적은 쪽이 좋다. 2류 투자자인 우리 샐러리맨 투자자는 바로 이거다 싶은 종목이라도 한 번에 사들이지 않고 분할 매매하는 편이 낫다.

분할 매매는 가격 변동에 대처하기 쉽고, 매수 타이밍을 잘못 잡아서 실패할 리스크도 적다. 그러므로 장기적으로 주식 투자를 계속하고 싶다면 안정된 멘탈을 유지할 수 있는 분할 매수를 추천한다.

주가가 상승할 때는 이대로 하늘까지 치솟을 것만 같고, 하락할 때는 나락으로 떨어지는 것만 같다.

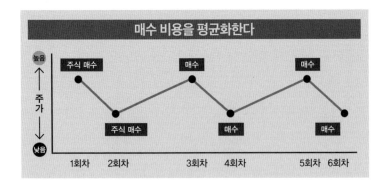

주식은 멘탈이다

매수할 때는 상승을 기대하므로, 주가가 상승할 때 달려들어 매수하게 된다. 주식 투자를 할 때 이렇게 안달하며 매매하는 일은 바람직하지 않다. 거래에서 초조함은 곧 약점이라는 것이 철칙이다.

자신에게 유리한 상황에서 투자하는 사람과 비교할 때 불리한 처지에 놓이게 된다. 상승 국면의 일괄 매수 등 초조함에서 비롯되는 투자 행동은 대체로 좋은 결과를 가져오지 않는다.

분할 매매를 하게 되면 '최고의 거래'는 버리게 되지만, 고가 부근에서 사고 저가 부근에서 파는 '최악의 거래'는 피할 수 있다. 직장인 겸 투자자는 커다란 성공을 노리기보다 엉망진창으로 실패할 일이 없는 방법으로 투자하는 편이 장기적인 생존 확률을 높일 수 있다.

한꺼번에 매수하는 일은 큰 실패의 원인

◆ 분할 매수

하락에 대처할 수 있다(여력 있음)

추가 매수로 비용 낮추기(달러 비용 평균법)

=

99%의 확률로 수익을 올린다

◆ 일괄 매수

하락에 대처할 수 없다(여력 없음)

하락을 정면으로 받아낸다(멘탈에 타격)

=

손절로 이어진다

결론 분할 매매로 리스크를 피하고
여유로운 멘탈로 상승을 기다린다

주식은 멘탈이다

항상 '손 쓸 방법'을
남겨 둔다

가능한 한 저렴하게 주식을 매수하는 일, 더 욕심을 부리자면 시세가 바닥일 때 주식을 매수하는 일은 모든 투자자의 꿈이다. 그러나 실제로 바닥에서 매수하는 일은 어렵다. 어차피 주가가 어디까지 내려갈지는 알 수 없는 일이므로 바닥에서 사려고 해도 살 수 없다. 프로에게도 어려운 일인데 우리와 같은 일반 투자자에게 가능할 리가 없다.

주식을 저렴하게 사들일 기회일 때 좋은 뉴스는 나오지 않는다. 시장 전체에 어두운 뉴스가 넘쳐나고 '시세는 앞으로 더 나빠질 것이다' '어디까지 떨어질지 알 수 없다'라는 전망 속에 주가는 계속해서 저가를 경신한다. 경제의 전망이 밝고 개별 종

•

목의 실적도 좋은 동시에 시세가 낮아서 저렴하게 매수할 수 있는 사례는 거의 없다.

대부분의 경우 주식을 사고 싶은 마음이 드는 것은 시장 전망이 밝고 개별 종목도 상승할 때다. '지금 안 사면 뒤처지지 않을까?'라는 생각 때문에 초조해져서 무심코 뛰어들어 매수하는 것이다. 그렇게 매수한 주식은 마치 기다렸던 듯 하락하고 '아차, 너무 빨리 샀다'라며 후회하게 되는 것이 보통이다. 나도 경험한 적이 있는데, 일반 투자자가 빠져들기 쉬운 전형적인 실패 패턴이다.

몇 번이고 말하지만 냉철한 투자자의 사고방식으로 생각하면 '시장 상황이 나쁠 때야말로 매수 기회' '시장 상황이 좋을 때일수록 함정에 빠질 위기'다.

그러나 아무리 좋은 매수 기회라고는 해도 시장 상황이 나쁘면 개별 종목도 어디까지 떨어질지 알 수 없다. 특히 소형 성장주는 고가의 절반 정도로 하락하는 일이 자주 있다.

우선 하락 시에 해서는 안 되는 일은 황급히 주식을 처분하는 일이다. 성장주라면 더욱 그렇게 해서는 안 된다. 그 종목을 보유하기 위한 전제 조건(실적 등)이 변한 것이 아니라면 서둘러 매도할 필요는 없다. 오히려 추가 매수할 기회다. 하락에 충격을 받는다면 아직 승리하는 투자자 멘탈이 갖춰지지 않은 것이다.

다만 주식 투자 경험이 적으면 주가가 내려갈 때 충격을 받

•

216

주식은 멘탈이다

는 일은 당연하다. 경험이 쌓이면서 투자자로서 단련되면 주가 변동 앞에서도 멘탈을 다잡고 투자할 수 있게 된다.

사전에 분산 매수 계획을 세운다

그러면 주가 하락에 충격을 받지 않는 투자자 멘탈을 갖추기 위해서는 구체적으로 어떻게 해야 할까? 매수한 종목이 하락해도 괜찮도록 타이밍을 분산해서 매수하는 '분산투자(분할 매매)'에 대해서는 이미 설명했다.

그다음으로 중요한 것이 매수 전에 미리 '매매 계획'을 세우는 일이다.

매매 계획이라고 해서 어려운 테크니컬 지표를 보며 고민할 필요는 없다. 우리의 투자 방법은 2배, 3배를 노리는 방법이다. 처음에 매수할 때 지표를 바탕으로 면밀하게 1엔 단위까지 계산해 봤자 의미가 없다. 지금까지의 주가 변동률을 차트로 확인하고 그 종목의 PER 범위를 보며 대략적인 지점에서 시험 삼아 매수하면 된다.

그리고 중요한 부분이 최초 매수 후의 주가 하락에 대비해서 '하락 목표치'를 설정하는 일이다. 매수 후 주가가 순조롭게 상승한다면 그보다 더 좋은 일은 없다. 그러나 매수 후의 상승 확률

SECTION 3 멘탈 투자법 실천편

과 하락 확률이 각각 50%라면 하락할 경우를 미리 생각해서 어느 가격대에서 매수할지, 분산투자 계획을 세워 둘 필요가 있다.

예를 들어 내가 보유하고 있으며(현재는 100주만 보유) 예전에 세미나에서도 언급한 실버라이프(9262)라는 종목이 있다. 기존에는 주가가 2,000엔에서 3,000엔이었는데 내가 세미나에서 추천했을 때는 1,600엔까지 하락한 상태였다. 상장 시 주가는 1,000엔 정도였고, 추천한 시점에서 다음 분기의 수익 수준을 통해 예상한 PER은 30배에도 채 미치지 못하는 28배였다. 그전에 성장성이 호평을 받아 60배 전후에서 움직였던 것을 생각하면 상당히 저렴해진 것이므로 매수할 때라고 판단했다.

그러나 저렴한 유망 종목이라고 해서 일괄 매수해서는 안 된

■ '실버라이프' 차트

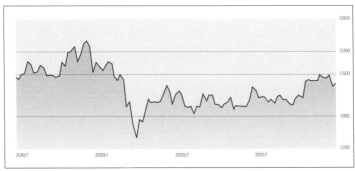

어르신을 위한 식사 배달 사업을 운영하는 실버라이프는 고령화가 진행되면서 확실하게 수요가 증가해 실적이 상승할 것으로 예상되는 소형 성장주다. 내가 세미나에서 소개했을 때 주가는 1,600엔 전후였다. 거기서 이미 1,000엔 정도 상승했지만 그 도중에는 등락이 반복되었다. 사전에 주가의 변동을 예상해서 계획적으로 물타기(분할 매매)를 하면 매수 후 주가가 하락해도 여유 있게 대처할 수 있다.

주식은 멘탈이다

다. 처음에 시험 삼아 매수할 때는 1,600엔 전후라도 괜찮지만(조금 더 욕심을 낸다면 1,500엔 전후) 그 후에는 시간을 들여 1,250엔, 1,000엔, 1,000엔 미만 하는 식으로 주가가 내려갈 때마다 매수하는 계획을 세운다. 이 경우 매수의 기준이 되는 주가는 각자의 주머니 사정에 맞춰서 설정하면 된다. 추가 자금에 여유가 있다면 다소 시간을 두고 1,500엔에서도 계속 매수하면 된다. 또는 100엔 단위로 1,400엔과 1,300엔 등에서 매수한다는 계획을 세워도 좋다.

다만 어느 쪽이든 하락폭을 어느 정도 예측하는 편이 좋다. 가령 실버라이프의 경우는 '상장 때의 수준인 1,000엔까지는 하락해도 이상할 것 없다'라고 미리 예측하며 매수해 나가는 것이다.

중요한 부분은 사전에 계획을 세우는 것이다. 매수한 뒤 주가가 어디까지 하락할지는 아무도 모른다. 그리고 사전에 계획한 대로 주가가 변동하는 일도 드물다.

그러나 매수하기 전부터 하락에 대한 준비가 되어 있으면 여유를 가지고 대응할 수 있다. 하락할 때 당황해서 허둥대지 않도록 사전에 매수 계획을 세워 두자.

'계획적 물타기'와 '임기응변 물타기'

주식 투자에 '물타기'는 반드시 따르는 법이다. 주가가 하락

SECTION 3 멘탈 투자법 실천편

한 종목을 추가 매수해서 평균 매수 단가를 낮추는 일을 물타기라고 한다.

다만 물타기에도 두 종류가 있다.

하나는 '계획적 물타기', 다른 하나는 '임기응변 물타기'다. 둘 다 물타기라는 점은 같지만 계획적 물타기(분할 매매)와 임기응변 물타기에는 차이가 있다.

바로 '사전에 주가의 하락을 염두에 두었는가'라는 점이다.

주가는 그때그때 외부 환경과 투자 환경에 따라 흔들리기 때문에, 그 회사의 기업 가치가 변함없다고 해도 고가와 저가를 비교하면 2배 정도 차이가 나는 일이 흔하다. 가령 고가가 2,000엔, 저가가 1,000엔이라면 고가와 저가의 차이는 2배가 된다.

이러한 주가 변동을 생각하고, 나아가 이용해서 추가 매수하는 것이 계획적 물타기(분할 매매)다. 앞에서 소개한 추가 매수 방법은 계획적 물타기 중에서도 '가격 폭을 설정한 분할 매매'다.

또 한 가지 추천하고 싶은 것이 추가 매수 가격뿐만이 아니라 추가 매수 타이밍도 간격을 두어 분산하는 방법이다.

가령 그 종목의 가격이 현재 1,500엔 초반이라고 하면 우선 1,500엔 정도에서 첫 매수 주문을 넣는다. 다만 이 시점에서는 1,000엔 정도까지 내려가도 이상하지 않다는 전제로 자금을 남겨 둔다.

그리고 1개월 후 1,250엔에 다시 매수한다. 그 과정에서 1,100엔 정도의 저가가 나온다고 해도 거기서 매수하지 않고, 시간을 지켜서 1개월 후에 매수하는 것이다. 그리고 또 1개월 후에 1,000엔대가 되면 매수한다. 이 경우 3회로 나누어 분산투자한 것이 된다.

매수 횟수는 자금 사정에 따라서도 달라지지만, 그 종목에 대한 투자 자금을 한 번에 쏟아붓지 않고 몇 번에 나누어서, 그리고 가격만 보지 않고 기간도 신경을 써서 분산투자하는 것이다. 도중에 더 저렴한 가격이 되더라도 지난번에 매수한 후로 정해진 만큼 시간이 경과하지 않았다면 아직 매수하지 않고 상황을 살핀다. 결과적으로 더 저렴한 가격에 매수하지 못하게 된다 해도 상관없다.

주가가 다시 상승해서 조금 더 비싸게 추가 매수하게 돼도 괜찮다. 그런 생각을 바탕으로 투자하는 것이다.

이처럼 시간 간격을 두고 분산투자하면 '싸졌으니까 사자'라며 가격만 보고 매수할 때보다 주가 동향을 더 잘 이해하게 된다.

반면 무계획적인 물타기는 우선 1,500엔에서 매수한다. 3일 후 1,400엔이 되면 또 매수한다. 그리고 1개월 후 1,300엔이 되어서 또 매수하는 식이다. 이렇게 하면 투자 자금을 금세 모두 써 버리게 된다.

·

SECTION 3 멘탈 투자법 실천편

계획적인 물타기와 마찬가지로 3회로 분산해서 매수하기는 했으나 하락폭(1,000엔 정도)을 예상하지 않았기 때문에 1,300엔보다 더 내려갔을 때 더이상 할 수 있는 일이 없다. 손절하고 더 내려가기를 기다렸다가 다시 매수할 수 있는 사람이라면 괜찮지만, 나를 포함한 2류 직장인 투자자들은 그런 고급 전술을 구사할 수 없다.

고가 부근에서 물타기로 자금을 소진해 버려서 손 쓸 방법이 없게 된다. 그 다음에는 그저 상승을 기다리며 기도하는 최악의 패턴에 빠진다. 투자에서 이 '손 쓸 방법이 없는 상태'는 멘탈을 가장 나쁜 상태로 몰아넣는다.

'경단 물타기'가 되지 않도록 시간 간격을 둔다

일본 주식 용어에서는 매수한 주식을 '구슬'이라고 하는데(특히 신용거래에서는 '매수 구슬' '매도 구슬'이라고 한다) 포지션을 잡을 때 구슬이 마치 꼬치에 꿴 경단처럼 죽 늘어서 있다면 좋지 않다. 그렇게 되지 않도록 시간 간격을 두고 매수해야 한다.

주식 투자뿐만이 아니라 FX 마진거래도 마찬가지인데, 금방 돈을 벌 줄 알고 투자하면 신기하게도 실패한다. 투자란 기묘한 부분이 있어서 돈을 벌려는 마음이 강하면 강할수록 반대로 돈이 벌리지 않는다. 아마 욕심이 앞서면 차분함을 잃게 되어 실수를 하게 되는지도 모른다. 주식 투자에서도 금방 돈을 벌 생각으로 단기간에 매수하면 실패하는 경우가 많은 듯하다.

주가는 단기적으로는 무작위로 움직이기 때문에 예측할 수 없다. 그렇기에 일정한 가격 폭과 시간을 두고 투자하는 것이다. 빠르게 돈을 벌고 싶은 생각에 자신이 보유한 종목이 금방 상승할 것이라고 근거 없이 믿으며 자금을 쏟아부으면, 주가가 하락했을 때 예상치 못한 손실을 입게 된다.

주가가 하락한 후 실시하는 무계획적 물타기는 누구나 저지르기 쉽다. 앞에서 설명했듯 물타기 자체는 분산투자이므로 나쁘지 않지만, 아무래도 투자 성적이 좋지 않은 사람일수록 물타기의 속도가 빨라진다. 서두르지 말고 천천히 시간을 두어 투자하자.

그 결과 매수 타이밍이 늦어진다 해도 괜찮다. 주가가 상승하는 사례만 의식하기 쉽지만 실제로는 그렇지 않은 사례도 많다. 주식시장에서는 주가가 내려가거나 보합에 머무는 경우가 더 많다.

무엇보다 주식 투자에서는 실패하지 않는 일이 중요하다. 그러기 위해서는 '손 쓸 방법'을 남겨 둬야 한다.

'승리하는 물타기'와 '패배하는 물타기'

◆ 계획적 물타기(분할 매매)

하락을 사전에 고려한다

가격 폭을 정하고 매수 타이밍도 적절히 간격을 둔다

=

비용을 절감하며 추가 매수 가능

◆ 임기응변 물타기(무계획 매매)

하락을 사전에 고려하지 않는다

가격 폭과 매수 간격을 설정하지 않고 적당히 물타기

=

추가 매수 자금이 없어져 손 쓸 방법이 없어진다

결론 사전에 분할 매수 계획을 세워 두면
주가 하락에 충격을 받지 않는
투자자 멘탈을 유지할 수 있다

주식은 멘탈이다

패배를 인정하면
승리한다

이제부터 주식 투자를 시작하려 하는 경우는 별개로 치고, 이미 주식 투자를 하고 있다면, 현재 몇 종목에 투자하고 있는가?

3종목, 5종목, 10종목, 그 이상…. 사람마다 각자의 투자 자금에 따라 다를 것이다. 개중에는 이거다 싶은 1종목에 집중투자하는 사람도 있을지 모른다.

이 책에서 권장하는 것은 여러 종목에 나누어 투자하는 분산투자다. 물론 1종목에 자금을 집중투자하면 주가가 상승했을 때 큰돈을 벌 수 있다. 그러나 나를 포함한 직장인 투자자들은 프로 투자자보다 투자 기술도 뒤떨어지고 얻을 수 있는 정보도

225

적으며 분석 능력도 부족한데다 투자에 쓸 수 있는 시간도 적다. 유망한 한 종목으로 투자 대상을 좁히는 일은 거의 불가능하다. 그러잖아도 절대적인 자신감을 가지고 매수한 종목이 실패하는 일은 항상 일어난다. 프로에게도 어려운 일을 우리가 해내는 것은 무리다.

아무리 자신이 있더라도 '올인'은 하지 말자.

여러 종목에 분산투자하면 한 종목이 실패해도 다른 종목의 상승에서 수익을 얻을 수 있다. 전체적으로 생각하면 성공 확률이 높아지는 것이다.

다만 분산이라고 해서 몇십 종목을 보유하게 되면 결국 인덱스 투자신탁과 같이 종목이 너무 분산되어 평균적으로 큰 수익은 얻을 수 없게 된다. 그러므로 애초에 몇십 종목은 너무 숫자가 많아서 제대로 관리할 수 없으므로 개별 종목에 소홀해질 위험이 있다.

종목을 많이 보유하고 싶다면 인덱스 투자가 관리하기도 더 편하니 그쪽이 나을 것이다. 인덱스 투자보다 좋은 성적을 원하기 때문에 개별 주식에 투자하는 것이다. 그러므로 종목을 어느 정도로 제한할 필요가 있다.

그렇게 생각하면 특히 투자 경험이 적은 초보자의 경우 최대 10종목 정도로 분산해 포트폴리오를 짜는 것이 좋다.

평가액 손실에 익숙해지면 위험하다

유망 종목을 선정해 10종목 정도로 포트폴리오를 짜도 그 10종목이 전부 상승하는 일은 거의 없다. 개별 주식 투자를 하는 이상 반드시 손실이 발생하는 종목이 나온다. 종목 선정이 백발백중이라면 편하겠지만 그렇게 되지는 않는 것이 주식 투자다.

특히 상장 후 시간이 그다지 지나지 않은 성장주에 투자하는 경우는 지뢰를 밟을 가능성이 높다. 감사 법인에 부적절한 회계 처리를 지적당해 결산을 수정하거나, 실적 전망이 안이했던 탓에 하향 수정하는 일이 자주 있다.

그런 리스크를 고려하며 큰 수익을 노리는 것이 소형 성장주 투자다. 부실한 주식을 붙잡는 바람에 손실이 발생하는 일은 당연히 일어나며, 그때 어떻게 대응하느냐가 중요하다.

자금을 대규모로 투입하지 않았다면(주식 수가 적다면) 그대로 보유하는(묵혀 두는) 것도 괜찮다. 성장 잠재력이 그대로라면 어떤 계기로 주가가 다시 상승할 가능성도 있다.

그 종목의 상황이 당초의 전망과 달라졌다면 물타기는 금기다. 단순히 묵혀 둔다면 몰라도 물타기를 해버리면 원래 더 유망한 종목에 쓸 수 있었던 자금이 묶여 버리므로 돈을 벌 가능

•

성이 낮아진다. 부실한 주식에 추가 투자할 바에는, 보유하고 있는 다른 유망 종목이나 새로운 종목에 그 돈을 쓰는 것이 더 낫다.

또 회복할 기미가 보이지 않는 종목을 끌어안고 있으면 멘탈에도 좋지 않다. 증권 계좌를 들여다볼 때마다 마이너스 표시만 있다면 주식 투자 자체가 괴로워지고 만다.

그리고 평가액 손실을 당연하게 여기게 되면 투자자로서의 자세가 악영향을 받는다. 평가액 손실에 익숙해져 버리면 '손해를 봐도 괜찮아'라는 마음이 잠재의식 깊숙한 곳에 싹트기 때문이다. 회복의 가능성이 있는 평가액 손실이라면 괜찮지만 그렇지 않은 경우라면 위험하다.

주식 투자는 곧 승부다. 승부에서 패배하는 버릇이 들면 안된다. 패배 자체는 어쩔 수 없지만, 패배가 당연하다고 인식하게 되면 이길 수 있는 승부도 지게 된다. 그런 멘탈은 투자자에게 가장 좋지 않다.

독자 여러분의 증권 계좌는 어떤가? 마이너스 표시로 꽉 차 있지는 않은가?

계획적인 물타기로 인한 예상 범위 내의 마이너스라면 괜찮지만, 원래의 계획과 다른 상황 때문에 발생한 마이너스라면 문제다.

주식은 멘탈이다

다만 평가액 손실을 끌어안고 지내는 행위는 어떤 의미로는 인간 본연의 행동에서 비롯된 결과다. 고통을 동반하는 손절이라는 행위는 가능한 한 미루고, 쾌감을 동반하는 이익 실현이라는 행위를 먼저 하고 싶은 것이 인간의 본능이기 때문이다. 다시 말해 본능을 따라 투자하면 평가액 손실만 발생하는 포트폴리오가 되고 만다.

나도 주식 투자를 시작한 후로 몇 년간은 계속 그 상태였다. 보유한 종목의 주가가 조금 상승하면 이익을 실현하고, 평가액 손실이 발생하면 그대로 방치했다. 또 시세차익으로 불린 자금은 하락하는 종목의 추가 매수에 투입했다.

주가의 움직임에는 경향성이 있으므로 주가는 생각보다 일정한 방향을 가리키는 경향이 있다.

주가가 하락 중인 종목을 추가 매수하면 더 하락해서 손실이 확대될 가능성이 높다.

물론 계획적인 물타기라면 문제가 없다. 그러나 대부분의 경우는 이성을 잃고 '손해를 반드시 메워 주겠어'라는 일념으로 물타기를 하므로 잘될 리가 없다. 투자 계획도 없는 채 감정이 향하는 대로 투자하니 금세 평가액 손실이 커진다. 그리고 주가가 더 하락하면 포기의 경지에 다다라 묵혀 둘 각오를 하게 된다. 드물게 무언가 계기가 생겨 주가가 매수 당시의 수준까

•

SECTION 3 멘탈 투자법 실천편

지 돌아오면 '휴, 다행이다' 하며 매도해서 큰 수익을 얻지 못하고, 혹은 약간 손해를 보고 끝난다. 이것이 나도 빠져 있던, 전형적인 패배하는 투자 패턴이다.

그러면 어떻게 해야 이처럼 평가액 손실의 악순환에서 빠져나올 수 있을까? 그 방법은 수익이 발생하는 종목은 남겨 두고 손실이 발생하는 종목을 먼저 처분하는 것이다. 다시 말해 '손절'이다. 손절은 자신의 판단이 틀렸다는 사실을 인정하는 행위다. 게다가 실제로 자산이 줄어들기 때문에 가능한 한 피하고 싶은 행위다. 그러나 손절을 잘하지 못하면 주식 투자도 잘할 수 없다.

손절 지점은 투자 스타일에 따라 다르다

평가액 손실이 발생하는 종목의 경우는 '손절 라인'을 어디에 설정하느냐가 중요하다고 한다. 주식 투자에서는 손절을 잘하는 것이 투자에서 살아남는 비결이라고 할 정도다. 그러나 사실 손절 라인은 투자자마다 제각각이므로 하나의 절대적인 해답은 없다.

손절 라인은 투자 스타일에 따라서도 달라진다. 예를 들어 인덱스 투자는 장기적인 달러 비용 평균법으로 포지션을 쌓아

올려 수익을 늘리는 투자 스타일이므로 손절은 그다지 실시하지 않을 것이다.

개별 종목 투자는 인덱스 투자와는 다르므로 손절도 포함해서 투자 전략을 세울 필요가 있다.

특히 데이트레이드를 비롯한 단기 투자의 경우는 손절을 포함한 기동성 있는 투자 전략이 필요하다. '어느 지점에서 사들이고, 어느 지점에서 팔고 빠져나올 것인가? 손실이 발생하면 어디서 도망쳐야 할까?'를 사전에 정해 두고 그 시나리오를 따라 매매하지 않으면 시장에서 살아남을 수 없다. 1주일 정도가 주기인 스윙트레이드에서도 마찬가지로 어느 타이밍에서 매수하고 어느 타이밍에서 손을 뗄지 미리 정해 두지 않으면 손절 타이밍을 놓치게 되어, 결과적으로 주식을 묵혀 두게 되는 경우가 드물지 않다.

데이트레이드든 스윙트레이드든 단기 투자의 경우는 미리 설정한 손절 지점에 다다르면 미련 없이 매도하고 물러날 필요가 있다.

내가 실천하는 중장기 투자에서도 테크니컬 요소를 중시하는 유형의 투자자는 차트를 단서로 손절 라인을 설정하는 경우가 많을 것이다. 차트 분석에 자신이 있는 투자자라면 가령 '평균선 아래의 수준까지 내려가면 판다' 또는 '3단 상승한 고가보

•

다 20% 떨어지면 판다' 등의 독자적인 지표를 기준으로 매도 시기를 결정하기도 한다. 그러나 이것이 항상 정답은 아니어서 매도 후 주가가 다시 상승하는 경우도 있다. 애초에 나를 포함한 2류 투자자들은 그 정도로 자신감을 가지고 차트를 바탕으로 매도를 판단하는 투자 능력을 갖추고 있지 않다.

내 경우는 보유 종목 중 손실이 발생하는 종목, 또는 보합 상태이면서 전망이 불투명한 종목을 순차적으로 매도하는데, 일반적인 투자자와 비교하면 손절 타이밍이 늦다.

이처럼 투자 스타일에 따라 손절 지점(또는 이익 실현 지점)은 달라진다.

상승하는 종목의 수익을 늘린다

아무리 장기적으로 유망한 종목을 찾아냈다고 해도 모든 종목이 상승한다는 보장은 없다. 똑같은 종목을 선택해도 큰 수익을 올리는 사람, 작은 수익밖에 올리지 못하는 사람, 손실을 입고 마는 사람이 있다.

그 이유는 무엇일까?

큰 수익을 올리는 사람은 하락한 종목을 손절하고 상승한 종목의 수익을 늘리기 때문이다.

•

주식은 멘탈이다

성장주의 경우는 주가가 2배가 되는 종목도 많다. 개중에는 텐배거도 나온다. 그런 종목이 나오면 평가액 손실이 발생한 종목을 손절해도 충분히 수익이 난다.

가령 100만 엔에 매수한 종목이 두 가지 있다고 하자. 하나는 2배로 상승하고 다른 하나는 절반으로 하락했다. 비율로 말하면 이득과 손해가 똑같은 것처럼 느껴지지만(2배와 2분의 1) 실제로는 '100만 엔×2=200만 엔'과 '100만 엔×1/2=50만 엔'이므로 수익은 100만 엔, 손실은 50만 엔이다. 수익이 50만 엔 더 많은 것이다.

이렇게 생각하면 설령 손실이 발생한 종목을 손절한다 해도 수익이 발생하는 종목이 있다면 충분히 수지가 맞는다.

어차피 우리는 프로가 아니다. 직장인 겸 2류 투자자인 이상 주가가 상승하지 않는 종목을 붙잡게 되는 것도 당연하다.

모든 종목이 상승할 것이라는 생각은 그만두자. 애초에 완벽하게 상승 종목만 고를 수 있다면 유망한 종목에 집중투자하면 될 것이다. 리스크를 경감하기 위해 분산투자하는 것이므로 처음부터 모든 종목이 상승할 것이라는 기대는 버려야 한다.

일부 잘 나가는 종목이 급상승해서 전체적인 결과가 향상되는 것이 성장주 투자의 특징이다. 성장주의 조건을 충족한다고 판단해서 종목을 골라도, 그중에는 상승하는 종목과 상승하지

•

■ 필자의 포트폴리오

종목	보유 주수	매수 단가	현재 가격	평가 손익
히노키야그룹(1413)	300	1,375	2,566	355,500
에이지아(2352)	200	857	2,130	254,600
가카쿠콤(2371)	500	1,696	3,410	857,000
데마이라즈(2477)	800	4,988	6,420	1,145,600
NF Intl REIT S&P Dev REIT Idx(ex JPNH) ETF(2515)	1,700	902	1,158	435,200
피클스 코퍼레이션(2925)	100	2,150	3,230	108,000
MonotaRO(3064)	600	1,942	2,575	379,800
Hamee(3134)	2,800	1,107	1,681	1,607,200
그림스(3150)	3,000	1,036	1,812	2,328,000
핫랜드(3196)	100	1,135	1,408	27,300
GA TECH(3491)	1,000	2,857	2,023	△834,000
에니그모(3665)	800	1,242	1,423	144,800
SHIFT(3697)	100	1,155	16,830	1,567,500
라쿠스(3923)	2,800	912	2,261	3,777,200
IR Japan HD(6035)	200	296	13,830	2,706,800
신프로메인트 HD(6086)	3,300	509	978	1,547,700
옵토런(6235)	600	2,632	2,536	△57,600
노무라 마이크로(6254)	500	686	3,850	1,582,000
기켄 제작소(6289)	600	4,216	4,555	203,400
레이져테크(6920)	100	8,835	20,630	1,179,500
GMOFHD(7177)	2,000	587	848	522,000
이개런티(8771)	800	1,568	2,260	553,600
스타츠 PR(8979)	1	161,133	243,800	82,667
실버 라이프(9262)	100	2,045	2,419	37,400
닛폰BS방송(9414)	100	977	1,111	13,400
NF Intl REIT S&P Dev REIT Idx(ex JPNH) ETF(2515) ☆	250	960	1,158	49,500
Hamee(3134) ☆	500	587	1,681	547,000
SHIFT(3697) ☆	300	4,970	16,830	3,558,000
라쿠스(3923) ☆	1,200	205	2,265	2,472,000

필자의 포트폴리오를 보면 대부분 수익이 발생하고 있다. GA TECH와 옵토런은 손실이 발생하고 있지만, 장래성이 있는 성장주이기 때문에 계속 보유하고 있다. 더이상 성장주가 아니게 된 종목은 포트폴리오에서 빼고(매도하고) 플러스인 종목의 수익을 늘리는 것이 큰돈을 버는 비결이다. 내 포트폴리오에는 라쿠스, SHIFT, 그림스, IR Japan 등의 여러 '우수 종목'이 포함되어 있다. 성장주를 끈기 있게 보유하며 수익을 늘려나가고 있는 것이다.

●

주식은 멘탈이다

않는 종목이 모두 존재하게 된다. 상승하지 않는 종목이 있다면 순순히 패배를 인정하고 상승하는 종목으로 갈아타자. 그편이 멘탈에도 유익하다.

이 방법의 장점은 차트를 보거나 어려운 분석을 하지 않아도 손절이 가능하다는 점이다. 손실이 발생하는 종목이 있다면 기계적으로 손절하고 상승하는 종목으로 옮겨 가는 것이다. 상승한 종목의 수익을 늘려나가면서 상승하지 않는 종목을 손절하면 포트폴리오가 점점 개선된다.

독자 여러분의 포트폴리오는 어떤가? 자신의 포트폴리오를 한 번 들여다보자.

수익이 발생하는 종목이 많아야 올바른 성장주 투자다.

항상 포트폴리오에 수익이 발생하는 종목이 많이 존재하도록 하자. 그렇게 하면 패배하는 습관이 든 투자자에서 승리하는 투자자로 변신할 수 있다.

SECTION 3 멘탈 투자법 실천편

급등하는 종목은
팔지 마라!

주식 투자에서는 매수보다 매도가 어렵다는 말을 흔히 한다. 그 말대로 매수는 자금만 있으면 언제든 가능하지만, 막상 매도하려고 하면 언제 매도해야 할지 타이밍을 잡기가 어렵다.

평가액 수익이 발생하면 '여기서 팔았다가 더 오르면 어쩌지?' 하고 욕심이 난다. 평가액 손실이 발생하면 '여기서 더 하락하면 안 되지만, 지금 팔았다가 그 후에 상승하면 손해인데' 하며 결단을 내리지 못한다. 주가가 보합 상태에서 움직이지 않는 통에 짜증이 나서 매도했는데 그 직후 상승하는, 웃을 수도 없고 울 수도 없는 경우도 있다.

어떤 상황이든 매도 시기의 판단은 어려운 법이다. 결국 최종적으로는 스스로 판단해서 매도할 수밖에 없는데, 팔고 난 후 '팔지 말걸' 하고 후회하는 일은 누구에게나 자주 일어난다.

그러면 후회하지 않기 위해서는 언제 팔아야 할까? 최적의 타이밍은 어떻게 찾을까?

이런 질문을 받는다 해도 하나의 정해진 대답을 내놓을 수는 없다. 매수 단가, 그 사람의 자금 상황, 종목의 특성, 시장 환경 등 다양한 요인이 있기 때문이다.

결국 자신 나름대로 옳다고 판단한 타이밍에 팔 수밖에 없다. 다만 성장주 투자라는 대전제 하에 매도 시기를 판단한다면 '그 기업 자체에 문제가 발생했는가'를 고려해야 한다. 앞에서 실패 사례로 든 TATERU나 RIZAP그룹과 같이 경영상의 문제가 발생했거나 성장성이 불투명해지는 등, 무언가 문제가 발생해 '성장주'라는 범주 자체에서 탈락하게 되면 그 주식은 매도해야 한다. 그러나 '이 주식은 성장주다'라는 당초의 판단이 변함없다면 뚝심 있게 계속 보유해야 한다.

물론 주가가 현저히 상승했을 때는 일부 매도하는 용기도 필요하다. 모처럼 찾아온 이익 실현의 기회이니 놓치지 않고 매도하는 편이 좋다.

그 경우에도 한 번에 전체를 매각하지 말아야 한다는 것이 내가 경험에서 얻은 교훈이다. 시세란 스쳐 가는 것이기 때문에

SECTION 3 멘탈 투자법 실천편

어디가 천장인지 알 수 없기 때문이다. 천장에서 팔았다고 생각해도 거기서 더 쭉쭉 상승하는 일이 많다.

매도하고 잠시 물러나면 마음은 편하다. 매도를 통해 현금화하면 '이 이상 수익이 줄어들면 안 되는데' 또는 '이 이상 손해를 보면 안 되는데'라는 심리를 만족시킬 수 있기 때문이다. 그러나 그런 방법으로는 큰 수익을 올릴 수 없다. 성장주 투자를 할 때는 시장에 머물러야 하는 시기가 있다는 사실을 이해하고, 끈기 있게 계속 보유할 필요가 있다.

상승하는 종목은 팔지 않고, 상승하지 않는 종목을 판다

기본적으로 주식 투자자들은 곧바로 이익을 실현하고 싶어 한다. 100엔에 산 주식이 105엔, 110엔이 되기만 해도 금세 매도해서 이익을 실현하고 만다. 정말로 아까운 투자 행동이다. 계속 보유하면 200엔까지 상승할 역량이 있는 주식이라도 그만큼 상승하기 전에 매도해 버리면, 그 후 아무리 많이 상승하더라도 마치 110엔까지만 상승한 것이나 마찬가지다.

그리고 흔히 하는 행동이 가장 상승세가 가파른 종목부터 매도하는 일이다. 상승이 너무 빠르면 '슬슬 기세가 꺾이고 떨어지지 않을까?' '이익이 줄어들기 전에 팔자'라며 소심하게 매도

주식은 멘탈이다

해 버리는 것이다. 이런 약한 멘탈에는 문제가 있다.

오히려 반대로 해야 한다. 매도할 것이라면 상승하지 않는 종목부터 매도하는 편이 좋다.

왜 상승하는 종목은 매도해서는 안 될까?

상승하는 종목은 그만큼 매도 압력에도 굴하지 않고 상승할 재료가 있다는 뜻이기 때문이다. 만약 고가를 경신하게 되면 그 후로는 그 종목을 보유한 사람 중에 손해를 보는 사람이 없게 되므로, 매도 압력이 줄어들고 더 크게 상승할 가능성이 높아진다.

주식 투자로 큰돈을 버는 사람은 시세가 가파르게 상승할 때 포지션을 보유하고 있는(그 종목을 보유하고 있는) 사람뿐이다. 상

■ '노무라 마이크로 사이언스' 차트

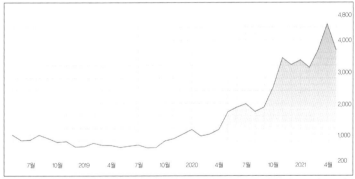

4,000엔을 넘어 일단 고점을 기록한 노무라 마이크로 사이언스의 주가는 조정을 통해 3,000엔 부근까지 내려갔다가, 이듬해 3월 후반에 들어서자 반도체 수요 급증으로 인한 반도체 테마주 상승의 물결을 타고 다시 상승했다. 그 후 기존의 고가를 경신하고 더욱 강력하게 상승하고 있다.

•

239

승하는 시기는 주식시장의 거래 시간을 10이라고 하면 그 중 1 정도, 아니 1보다도 적은 짧은 시간이다. 나머지 시간은 지루한 보합 상태이며 가만히 상승을 기다릴 수밖에 없다.

이미 말했듯 주식은 곧 기다림이다. 기분 좋게 상승하는 시간보다 그저 진득하게 기다리는 시간이 훨씬 길다. 그렇다면 모처럼 상승하는 유망 종목을 상승 도중에 놓아 버리는 것은 아깝다. 큰 돈벌이를 스스로 포기하는 일이다.

몇 번이고 반복해서 말하지만, 장기적인 관점에서 바라보는 성장주 투자는 성장성이 있는 유망 종목을 끈기 있게 보유해서 자산을 크게 늘리는 투자 스타일이다. 기회가 찾아왔다면 놓치지 말고 붙잡자.

주목하던 종목이 상승을 시작했다는 것은 시장이 그 종목의 매력에 눈을 떴다는 뜻이다. 그때까지 인내하며 보유하고 있었으니, 곧바로 팔지 말고 뚝심 있게 더 보유하고 있다가 큰 수익으로 연결하자.

종목을 계속 갈아타는 것은 '패배하는 투자자'의 특징

주식 투자에 실패하는 사람의 특징으로 들 수 있는 것이 '자신만의 투자 스타일이 정해져 있지 않다'라는 점이다. 모든 종목이 일제히 상승해서 주식만 보유하고 있으면 누구나 돈을 벌 수 있는 국면은 아주 드물다. 보통은 다양한 종목과 테마주가 차례로 주목을 받는다. 실적 전망이 좋은 주식이 여러 개 있어도 그중 무엇이 매수되느냐는 그때그때 시장 상황에 따라 달라진다.

혼히 볼 수 있는 행동 한가지가, 보유한 주식이 상승하면 곧바로 매도하고 다음 종목을 찾아 떠나는 것이다. 확실히 주식시장에서는 방금 언급한 바와 같이 '순환 매수' 현상이 일어나기 때문에 모든 종목이 동시에 상승하는 것이 아니라 각 종목이 차례차례 상승하며 자금이 이동한다.

그렇다고는 해도 처음에 상승한 주식을 매도하고 다음 종목으로 넘어간다고 해서 그 종목도 순조롭게 상승한다는 보장은 없다. 대략 10종목에 투자하면 그중 크게 상승하는 종목은 한두 개 정도다. 비율로 말하면 10%에서 20%다. 이 확률을 바탕으로 생각하면 한 종목이 상승했다고 해도 그다음에 상승할 종목을 고를 확률은 10%에서 20%다. 이 확률을 가지고 몇 번씩 연속으로 성공하는 일이 얼마나 어려운지 상상할 수 있을 것이다. 그러므로 상승한 종목은 곧바로 매도하지 말고 소중하게 보유하며 수익을 늘려야 한다. 매도한다면 상승하지 않는 종목부터 매도하는 편이 낫다.

•
SECTION 3 멘탈 투자법 실천편

성장하는 종목은 안달하지 않고 내버려 둬도 언젠가 수익을 돌려준다. 상승하는 종목을 쫓아가고 싶은 마음은 이해한다. 가능한 한 빨리 수익을 올리고 싶은 것이 인간의 욕구이기 때문에 상승하는 종목에 올라타고 싶어지는 법이다.

그러나 올라탄 것까지는 좋아도 대부분의 경우는 상승한 후 잠시 매도와 매수가 교차하는 보합 국면으로 이행한다. 그리고 매수 가격보다 높아지기도 하고 낮아지기도 하며 평가액 수익과 손실이 반복적으로 애타는 상태가 이어진다. 그렇게 되면 초조함을 견디지 못하고 또 다음 종목으로 갈아탄다. 이렇게 하면 아무리 시간이 지나도 큰 수익을 올릴 수 없다.

이처럼 투자 멘탈이 이리저리 흔들리는 거래를 반복하는 것이 '패배하는 투자자'의 특징이다. 아무리 앞날이 창창한 종목이라도 주가가 일직선으로 상승하는 일은 없다. 종종 실적의 급상승과 시류(테마)가 우연히 겹쳐 단기간에 주가가 급등하기도 하지만, 미리 노리고 있다가 올라탈 수 있는 현상은 아니다.

불가능한 일을 굳이 시도해 봤자 소용이 없다. 실적이 안정되게 성장하는 성장주를 보유하고 있다가, 어느 틈에 주가가 두세 배로 늘어나 있는 것을 확인하는 투자 스타일이 직장인 겸 투자자에는 최선이다. 그런 자세를 유지하는 동안 3배, 4배씩 상승하는 종목이 포트폴리오에 등장하면 멘탈이 편해져서

주식은 멘탈이다

여유를 가지고 투자할 수 있게 된다.

테마에 올라탄 급등주는 분할해서 매도한다

앞에서 '종종 실적의 급상승과 시류(테마)가 우연히 겹쳐 단기간에 주가가 급등하기도 한다'라고 말한 바와 같이, '테마주'가 시장의 주목을 받기 시작해서 단숨에 주가가 급등하는 경우가 있다.

이런 상황을 만났다면 주의해야 한다. 신기하게도 그런 테마주를 보유하고 있으면 마치 하늘 꼭대기까지 상승할 것 같은 기분이 들지만, 그저 착각일 뿐이다. 단기 투자자들의 자금이 대량으로 유입되어 그 종목의 역량보다 주가가 더 높아지는 경우가 있기 때문이다.

'이대로 영원히 상승할 것 같다'라는 착각이 느껴지면 스스로에게 경고 벨을 울려 주자. 영원히 상승하는 주식은 없다. 단기적인 재료로 급등한 주식은 열기가 사그라지면 하락한다. 열기가 사그라진 주식은 고가와 비교할 때 반 토막이 되는 경우도 드물지 않다. 아무리 중장기를 바라보는 성장주 투자라고는 해도 이런 상승 국면에서는 매도하는 편이 좋다.

그 경우 일괄 매도하기보다 상황을 보며 분할 매도하는 방법을 추천한다. 일부에서 이익을 실현하는 한편으로 추가 상승을 노릴 수 있다. 반대로 상승이 멈추고 하락이 시작되어도 일부는 이익을 실현했으므로 언제라도 나머지를 매도할 수 있다.

이익을 실현하는 상태에 있는 일이 중요하다. 그 결과로 멘탈이 안정되어 냉철한 투자자의 심리를 유지할 수 있기 때문이다. 여기서는 내가 보유한 종목 중 Hamee(3134)의 예를 들어 보겠다.

Hamee는 2016년 7월 당시 화제를 모았던 '포켓몬 GO'와 관련해 스마트폰 배터리 수요가 급증할 것이라는 예상으로 인해, 스마트폰 관련 종목이라는 테마를 타고 주가가 단숨에 급등했다. 그전에도 주가가 급등한 적은 있지만, 회사 수익의 큰 변화를 반영한 상승이었기 때문에 어떤 의미로는 '정당한 상승'이었다. 그러나 포켓몬 GO 때의 급등은 명백히 지나쳤다. 완전히 유행에 올라탄 일회성 상승인데다 누구도 예상치 못한 급등이었다. 결국 포켓몬 GO가 발매되기 직전에 정점에 오른 후, 고가와 비교할 때 절반 수준까지 거꾸로 곤두박질쳤다.

결과적으로는 그 후 주가가 다시 상승해서 포켓몬 GO로 급등했던 시점의 고가를 경신했으나, 어디까지나 결과론일 뿐이다. 일부는 팔아서 이익을 실현했어야 했다.

한 종목에 시장의 스포트라이트가 집중되는 경우가 있다. 소

■ 'Hamee' 차트

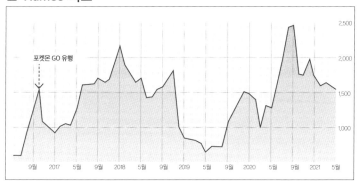

2016년 7월 포켓몬 GO가 발매되어 큰 인기를 끌었을 때 Hamee가 관련주로 급등해, 1,000엔 이하였던 주가가 단숨에 1,500엔까지 급상승했다. 그러나 재료의 반영이 끝나고 나자 다시 1,000엔까지 급락했다. 이처럼 테마에 올라탄 종목의 일시적인 상승은 '정당한 상승'이 아니기 때문에 과열되었던 주가가 원래대로 돌아가는 경향이 있다.

형주일수록 가격 변동이 심해진다.

갑자기 급등이 시작되면 그 테마 또는 재료가 얼마나 갈지 고려한 후 조금씩 매도하자. 대부분의 경우 나중에 저렴하게 다시 사들일 수 있다. Hamee와 같은 경우도 그 회사의 성장성을 확신한다면 유행을 타고 급등한 국면에서 일단 매도한 후 테마의 열기가 식었을 때 다시 천천히 매수하면 된다.

시간을 내 편으로 삼는 중장기 투자에서는 이런 거래 방법도 있는 것이다.

SECTION 3 멘탈 투자법 실천편

보유 종목의 수익을 가능한 한 늘린다

◆ 패배하는 투자자의 특징 … 투자 스타일이 정해져 있지 않다

⬇

상승하는 종목을 이것저것 쫓아간다

▷성급한 매수와 손절의 반복

⬇

투자 멘탈이 흔들리는 거래

◆ 승리하는 투자자의 특징 … 투자 스타일이 정해져 있다

⬇

보유한 종목의 수익을 차분하게 늘린다

▷중장기 보유를 통해 2~3배로 만든다

⬇

여유 있는 멘탈로 투자

결론 상승한 종목은 곧바로 매도하지 않고
소중하게 보유하며 수익을 늘리고,
매도한다면 상승하지 않는 종목부터 매도한다

주식은 멘탈이다

장기 보유로
텐배거를 노려라!

　주식의 세계에서는 대성공 사례를 '텐배거(10배)' 등으로 부른다. 그러나 성장주라고 판단한 종목에 장기 투자하기로 결정하고 구입한다 해도 한 종목을 오랫동안 보유하는 일은 의외로 어렵다.

　주가는 어느 날 아침 일어나 보니 갑자기 두세 배로 뛰어 있는 것이 아니라 '1.1배 → 1.2배 → 1.3배 …… → 2배'라는 과정을 거쳐 서서히 상승하기 때문이다. 그 상승 과정에서 항상 이익을 실현하고 싶다는 욕구와 싸우며, 꾹 참고 계속 보유하면서 수익을 늘리는 일은 힘든 법이다. 주가가 움직이지 않는 동안 괴로워하며 보유하다가 간신히 2배가 되었다면, 매도해서 이익을 실현하고 싶은 것이 인간의 심리다.

거기서 팔지 않고 보유하는 일은 투자자로서 멘탈이 상당히 강해야만 가능하다. 인간에게는 '빨리 이익을 실현하고 싶다' '손해는 가능한 한 확정하지 않고 뒤로 미루고 싶다'라는 본능적 욕구가 있기 때문이다.

물론 수익이 발생한다면 어느 지점에서 팔아도 성공이다. 매도한 후 주가가 쭉쭉 오르는 모습을 보게 되면 괴롭다. 기껏 돈을 벌었는데도 어쩐지 손해를 본 기분을 느끼게 된다. 그러므로 수익은 가능한 한 늘리자. 기회는 크게 키울수록 좋다.

그러기 위해서는 어떻게 해야 할까?

여기서는 수익을 늘리기 위한 투자자 멘탈, 그리고 수익을 늘리는 방법을 설명하겠다.

주가가 2배가 되면 매도하고 싶은 것이 투자자의 심리

주식의 상승 과정에서 일직선으로 주가가 상승하는 경우는 TOB(공개 매수)와 같은 특수한 상황을 제외하면 없다. 일반적으로 주가는 등락을 반복하면서 상승한다. 어떤 성장주라도 차트를 보면 반드시 등락의 물결이 있다.

한 예로 엠쓰리(2413)를 소개하겠다.

이 회사는 2003년 도쿄증권 마더스에 상장되었다. 그 후 순조롭게 사업 영역을 넓히며 실적을 높이고 일본 내뿐만이 아니라 전 세계의 의사들이 이용하는 대규모 플랫폼이 되었다. 지금은 엠쓰리의 플랫폼이 없으면 의료 관계자가 이직을 하거나 필요한 정보를 얻기도 어려울 정도다.

지금은 세계적인 메가 벤처의 지위를 확립하고 주가도 7,000엔대(2021년 6월 중순 기준)로 높지만, 주가 동향이 일관되게 상승해 온 것은 아니다.

2003년에 상장한 후 2011년에서 2012년 정도가 될 때까지 10년 가까이 주가는 거의 보합이었다. 2013년 이후의 주가 동향과 비교하면 움직임이 매우 적다.

대략 2013년부터 움직이기 시작한 엠쓰리의 주가는 서서히 속도를 높여 2019년경부터 단숨에 가파르게 상승했다. 다만 이것은 나중에 차트를 볼 때에야 알 수 있는 일이고, 상승 과정의 한가운데에서 투자자가 예측할 수는 없다.

나도 마찬가지였다. 그때까지 계속 똑같은 보합권 내에서 주가가 움직이는 것을 보고 있으면 그 보합권 내의 높은 지점에서 팔고 싼 지점에서 다시 사들이고 싶었다. 얼핏 보기에 움직임이 없는 듯 보여도 짧은 기간만 보면 일정한 가격대 내에서 나름대로 오르내린다. 게다가 그전까지 보합이었던 종목이 2

SECTION 3 멘탈 투자법 실천편

■ '엠쓰리' 차트

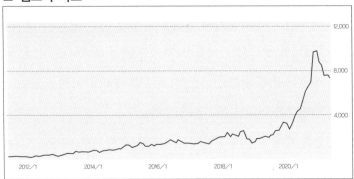

마더스 상장 후로 10년 가까이 거의 보합이었던 주가는 2013년부터 서서히 상승하기 시작했고 2019년부터는 가파르게 상승했다. 한때는 10,000엔을 넘는 고가를 기록했다. 보합권에서 스윙트레이드를 하다가 보합권을 넘어서는 상승 국면에 올라타지 못하는 경우도 많으므로, 결과적으로 가장 이득이 되는 시기를 놓치게 될 수 있다.

배 정도로 오르면 매도하고 싶어지는 법이다.

아무래도 주가가 2배가 되면 팔고 싶어지는 것이 투자자의 멘탈인 듯하다. 실제로 나도 그렇게 거래했다. 그러나 어느 시점부터 주가가 성장성을 급속히 반영하기 시작해, 이익을 실현한 투자자들을 비웃듯 하늘 높이 상승했다.

이렇게 되면 어지간해서는 다시 사들이기 어렵다.

이전의 보합권 내의 주가 동향을 아는 만큼, 예상을 뛰어넘어 상승한 주식에는 손을 대기 어렵다. 그저 이를 갈면서 상승을 바라볼 뿐이다.

엠쓰리의 주가도 그전의 보합이 마치 거짓말이었던 것처럼 쑥쑥 상승해 2021년 1월에는 1만 엔의 고가를 기록했다.

'그때 놓아 버리지 말고 들고 있었다면…' 하고 후회해도 소용이 없다. '수익을 올렸으니 그걸로 됐지'라고 스스로를 위로해도 마음이 편해지지 않는다.

결국 엠쓰리의 주가는 상승을 시작한 시점인 2013년의 400엔 정도에서 자릿수가 두 번 바뀌었다. 텐배거를 뛰어넘는 '25배거'가 된 것이다.

2배가 되면 절반을 팔아 수익 확보

이처럼 성장성을 보고 매수한 성장주라도 대박이 날 때까지 계속 보유하는 일은 쉽지 않다. 그러면 어떻게 해야 엠쓰리와 같은 대박 종목을 꽉 붙들고 놓지 않을 수 있을까?

중요한 부분은 다음과 같은 전제로 생각하는 것이다.

'대박 종목을 처음부터 끝까지 들고 있기는 어렵다.'

이런 인식을 가지고 투자해야 한다.

계속 보유하기 위해 '계속 보유하는 일은 어렵다'라고 생각하라는 말은 역설적이다. 그러나 우리는 어차피 2류 겸업 투자자이기 때문에 주가가 어디까지 상승할지, 또는 어디에서 상승이 멈추고 하락할지 예측할 수 없다.

게다가 성장주는 주가가 크게 조정되는 경우가 있으므로, 아무리 기운차게 상승할 때에도 하락의 리스크는 항상 따라다닌다. 주가 상승에 의기양양해져서 '앞으로 계속 올라갈 거야'라며 뇌에서 분비되는 마약 물질에 취해 있다 보면, 갑자기 급락해서 순식간에 매수 가격 부근까지 돌아오고 수익이 날아간다. 이런 악몽 같은 일은 자주 일어난다. 꿈에 취하는 일을 피하고 하락의 리스크를 항상 염두에 둔 채 투자할 필요가 있다.

그러면 현실적인 투자 방법은 무엇일까?

인기 있는 방법은 '2배로 오르면 절반을 판다'라는 전략이다. 주가가 2배가 된 주식의 절반을 매도하면 수중에 남은 나머지 절반은 실질적으로 '비용이 0'이나 마찬가지다. 만에 하나 그 회사가 도산해 주가가 0이 된다 해도 플러스마이너스 제로가 되므로 손해를 보지 않는다(수수료는 손해를 보겠지만). 현실적으로는 회사가 도산할 가능성은 낮으니 어느 지점에서 나머지를 매도해도 수익이 발생한다. 어쨌든 수익을 확보했다는, 다시 말해 돈을 벌었다는 안심은 그 종목을 계속 보유하기 위한 멘탈 강화로도 이어진다.

물론 절반을 팔지 않고 계속 보유하는 경우와 비교할 때, 절반을 팔았다면 나중에 주가가 상승할 때의 수익이 절반이 되고 만다. 그러나 주가가 2배까지 상승하지는 않더라도 상승 과정

주식은 멘탈이다

의 어딘가에서 수익을 어느 정도 확보하는 일은 중요하다. '아, 그때 팔 걸…' 하고 후회하지 않도록 하락의 리스크를 경감하는 일은 성장주 투자의 전략으로써 필요하다. 모든 성장주가 엠쓰 리처럼 몇 배로 대박이 나지는 않기 때문이다.

장기 보유로 50배의 대박

성공한 예를 들어 보겠다. 지금도 보유하고 있는 IR Japan(6035)이다. 이 주식은 2016년 2월에 처음 매수했다. 벌써 5년 넘게 보유 중이다.

당시에는 저렴한 성장주였기 때문에 시험 삼아 400주만 296엔에 매수했다. 그 후 실적이 계속 성장해서 현재 주가는 15,000엔을 기록했다.

이 회사는 기업들을 대상으로 IR(Investors Relation)과 SR(Share holders Relation) 컨설팅을 실시한다. 처음에는 막연히 내가 일하는 업계와 가깝다는 이유로 매수했는데, 배당금 이율이 3% 정도였고 매수 금액도 12만 엔 정도였기 때문에 마음 편하게 계속 보유했다.

곧 나는 인사이동으로 기업 부문에 배치되어 주식 결제와 주주총회 관련 업무를 하게 되었다. 거기서 주주 관련 실무는 여러 분야에 걸쳐 있으며 주주들의 정보를 계속 파악하는 일이 중요하다는 사실을 배웠다.

회사 경영은 주주들의 의향을 따라 이루어진다(최소한 표면상으로는). 주주들이 어떤 사람이고 어떤 목적으로 주식을 보유하고 있느냐에 따라 경영 방침이 영향을 받을 수 있다. '배당금을 더 많이 줬으면 좋겠다' '채산성이 낮은 부문은 정리했으면 좋겠다' 등의 목소리가 크면 거기에 귀를 기울일 수밖에 없다. 요즘은 다른 주주들도 그 제안이 합리적이라고 판단하면 동조해서 회사의 정책에 반영시키기도 한다. 가능한 한 주주들과 활발하게 소통하며 회사를 경영하기 위해서도 누가 주주인지 항상 조사하고 보유 주식 수의 변화를 주시하는 것은 경영기획 부문의 중요한 역할이다. 주주의 이름이 명시되는 경우도 있지만, 신탁은행의 이름만 있고 주주의 이름은 얼른 보아서는 알 수 없는 경우도 있다. 법인이 보유하는 경우는 세금 문제로 주주가 이중 삼중으로 가려져 있는 일도 많다.

그래서 IR Japan이 제공하는 '실질적인 주주를 조사하는 서비스'는 기업에 매우 유용하다. 그 외에는 TOB, MBO, 새로운 주식의 예약권 발행 등을 실시하며 중소 규모 상장기업을 지원한다.

이런 사업은 한 번 이용하면 그 편리함 때문에 계약을 계속

주식은 멘탈이다

연장하기 쉽다는 강점이 있다. 또 법인을 상대하는 장사이기 때문에 한 건의 단가가 수천만 엔으로 높아서 매출의 성장도 기대할 수 있다. 회사의 간판 상품의 인지도를 높이기 위한 서비스로 실질 주주에 대한 조사를 제공하고, 인지도가 점점 높아지면서 지배권 쟁탈전, 액티비스트, MBO라는 아이템으로 수익을 올리는 체제가 완성되어 있었다.

특정 은행 그룹에 소속되지 않은 독립된 컨설팅 회사라는 것도 강점 중 하나다. 나아가 고객과의 대화를 통해 사업의 소재를 늘려나갈 수 있다는 이점도 있다. 주식시장이 이후 한동안 활성화될 것이라는 전제하에, 이 회사의 역할이 점점 커질 것이라고 판단했다.

사장인 데라시마 시로는 누구나 인정하는 일본 IR 활동의 1인자로 30년 동안 IR 활동의 최전선에 있었다. 일본의 기업지배구조(corporation governance)를 개선하고 기업 가치를 높이기 위해 경제산업성 산하에 설치된 기업가치연구회에서 설립 당시부터 현재까지 위원으로 활동하고 있다. IR Japan을 조사하면서 점점 '장기적으로 성장해 나갈 기업'이라고 확신한 나는 장기 투자를 결정했다.

매수 후 IR Japan의 주가는 한동안 보합 상태였다가 마침내 완만히 상승하기 시작했다. 나는 주가가 2배가 된 시점에서 절반을 매도했다.

실질적인 취득 단가가 0이 되면서 여유 있는 멘탈로 IR Japan의 활동을 응원할 겸 장기 보유할 수 있게 되었다.

내가 매수했을 때는 시가총액이 50억 엔 정도의 회사였는데, 그 후 우여곡절을 겪으며 주가가 상승해, 지금은 시가총액이 2,500억 엔인 회사가 되었다. 주가로 보면 300엔에 매수한 주식이 15,000엔이 되었으니 텐배거 정도가 아니라 무려 50배다! 내가 보유한 종목 중 가장 대박이 났다.

아마 소비자의 사고방식을 가지고 있었다면 지금까지 계속 보유하지 못했을 것이다. 장기 투자를 염두에 두고 있지 않았다면 주가가 상승했을 때 냉큼 매도해서 이익을 실현했을 것이다. 장기 차트를 보면 마치 순조롭게 상승해 온 듯 보이지만 단기 차트를 보면 역시 등락이 있다. 주가가 요동칠 때 멘탈이 흔들려서 매도하고 마는 일이 흔히 있다.

내가 지금까지 이 종목을 보유할 수 있었던 것은 절반을 매도해서 투자 자금을 회수한 덕분이다.

'절반을 팔지 않았다면, 수익을 2배로 올렸을 텐데.'

그렇게 생각하는 사람도 있을 것이다.

맞는 말이기는 하지만 절반을 팔지 않았다면 분명히 지금까지 계속 보유하지 못했을 것이다. '매수 비용 0'이라는 사실이

■ 'IR Japan' 차트

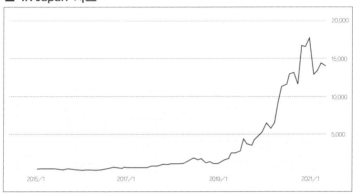

텐배거 정도가 아니라 '피프티배거'가 된 IR Japan. 주가가 2배가 된 시점에서 절반을 매도해 매수 비용을 0으로 만든 덕분에 여유로운 멘탈로 계속 보유할 수 있었던, 성장주 투자의 전형적인 성공 사례.

정신적인 여유로 이어져서 안정된 멘탈로 장기 보유하는 일을 가능하게 했다.

IR Japan과 같이 50배로 성장하는 대박 종목은 쉽게 나타나지 않는다. 그러나 성장주에 투자해서 장기 보유를 하다 보면 그 회사가 성장함에 따라 주가도 부쩍 상승하는 경우가 나온다. 그런 종목을 만나기 위해서는 매도하고 싶은 욕구를 꾹 참고 계속 보유해야 한다.

다만 내가 크게 실패한 RIZAP그룹이나 TATERU와 같이 계속 들고 있어서는 안 되는 종목도 있다. 성장주라고 판단했다고 해서 무작정 장기 보유하면 되는 것은 아니다.

●

성장주를 계속 보유해서 수익을 늘리기 위해서는 그 회사의 매출과 순이익이 계속 증가하고 있는지 꾸준히 확인할 필요가 있다.

기업의 주가는 최종적으로 그 회사가 번 돈, 다시 말해 이익 수준에 좌우된다. 성장주의 경우 앞으로도 실적이 향상될 것이라는 기대가 주가를 밀어 올리므로 회사의 실적이 상승하는 동안은 주가도 상승한다. 이 흐름이 끊기지 않는 한 그 회사의 주식을 계속 보유해서 수익을 늘릴 수 있다. 다만 그 흐름이 끊기거나, 실적이 성장한다고 해도 당초의 예상보다 저조할 경우 주가도 상승을 멈추고 하락한다.

성장 기업에 투자하는 성장주 투자에서는 그 기업에 무언가 변화가 일어나 우상향이던 주가의 경향이 달라지고 명확한 하락이 시작될 경우를 대비해, 어느 정도 이상으로 하락하면 매도한다고 사전에 정해 두는 편이 좋다. 가령 '고가보다 20% 하락하면 매도한다' 등의 기준을 설정해 두면, 추락하는 종목을 계속 보유하고 있다가 손실이 확대되는(또는 수익이 감소하는) 일을 막을 수 있다. 결과적으로 손절이 된다고 해도 설정 기준보다 떨어지면 팔아야 한다. 그런 수비적인 멘탈이 중요하다.

가령 아무런 악재가 없다고 해도 우상향이던 경향이 바뀌고 주가가 떨어지기 시작한다면 무언가에 대한 암시일 수 있다.

●

주식은 멘탈이다

겉으로 드러나지 않는 실적 악화일 수도 있고 불상사일 수도 있는데, 그 시점에서는 분명하지 않더라도 주가의 하락에는 무언가 이유가 숨겨진 경우가 많다.

주가가 사전에 설정한 기준까지 떨어지면 주저 없이 매도하는 것이 스스로를 위하는 길이다.

그런 사태를 피하기 위해서도 성장주 투자를 할 때는 일정한 지점에서 이익을 실현한다는 계획을 세운 후 매매할 필요가 있다. 모든 성장주가 두세 배씩 상승하는 것은 아니며 도중에 하락하는 종목도 많다. 그렇기에 주가가 상승하면 일부를 매도하고 2배가 되면 절반을 매도해 매수 비용을 0으로 만드는 식으로 이익을 실현해 나가면서, 회사의 실적도 함께 확인하며 수중에 남아 있는 주식으로 수익을 늘려나가는 전략이 효과적이다.

성장주는 항상 매력적인 이야기를 들려주기 때문에 사랑에 빠지는 경우도 있을 수 있다. 그 기업의 성장을 믿고 계속 보유하는 자세도 필요하지만, 한편으로 투자자인 이상 눈 뜨고 코 베이는 주식시장에서 살아남기 위해서는 냉철한 관점도 반드시 필요하다.

종목이 들려주는 이야기에 지나치게 빠져들지 않고 차분하게 그 회사의 성장을 지켜보는 멘탈을 갖자.

•

SECTION 3 멘탈 투자법 실천편

텐배거를 내 것으로 만드는 멘탈

◆ 승리하는 투자자

성장주를 발굴해 매수

보유 종목의 주가가 2배가 되면 절반을 매도해 이익을 실현하고 매수
비용을 0으로

뚝심 있게 보유

여유로운 멘탈로 텐배거를 노린다!

※회사의 성장을 냉철하게 살피며, 상승 경향이 사라지면 매도
(한 종목에 너무 빠져들지 않는다)

결론 | 대박 종목을 손에 넣기 위해서는 냉철하고
수비적인 멘탈도 필요

주식은 멘탈이다

'안다'와 '실행할 수 있다'는 다르다

마지막까지 읽어 주셔서 정말 고맙습니다.

이 책은 현역 투자자 중 한 명으로서 중·소형주 투자를 통해 얻은 깨달음을 정리한 결과물입니다.

주식 투자는 실천해야 의미가 있고 돈을 벌어야 의미가 있는 실용적인 분야입니다.

아무리 유리한 투자 방법이 있더라도 그 방법을 일관되게 실행하지 못하면 아무 의미가 없습니다. 그리고 일관된 실행을 위한 사고방식이 처음부터 준비되어 있지 않으면 머리로는 알아도 손이 움직이지 않게 됩니다.

달리 말하면 '투자로 자산을 형성하는 방법'을 일상 속의 행동에 하나하나 반영할 수 있도록 사고방식을 바꿔야 합니다. 일반인의 사고방식에서 투자자의 사고방식으로 전환해야 자신의 투자 방법을 흔들림 없이 실천할 수 있습니다.

그러기 위해서는 불필요한 지출을 줄이고 매달 월급의 일부를 투자 자금으로 돌리는 일상 속의 사소한 행동에서 시작해, 목표 금액을 달성할 때까지 계속 재투자하기, 시간차를 두고 분산투자하기, 주가는 장기적으로 회사의 수익에 걸맞은 수준이 된다는 사실을 믿기, 평론가들의 쓸데없는 의견은 듣지 않기, 실패를 두려워하지 않고 소액으로 적극 투자하기 등 투자 이론의 실천이 몸에 밸 때 비로소 개별 주식 투자에서 성과를 올릴 수 있습니다.

이 책을 읽었다고 해서 곧바로 투자를 잘하게 된다는 보장은 없습니다. 머리로는 아무리 잘 알아도 '안다'와 '실행할 수 있다'는 다르기 때문입니다.

독자 여러분이 이 사실을 충분히 이해한 상태에서 이제부터 주식 투자를 경험하며 다양한 깨달음을 얻을 수 있도록 했습니다. 또한 장기적으로 천천히 도움이 되는 것을 목표로 삼아 이

주식은 멘탈이다

책을 썼습니다.

이 책을 가끔 다시 꺼내서 읽어 보고 자신의 경험과 비교하면서 '그때 이 사람이 한 말은 이 뜻이었구나!' 하고 깊은 깨달음을 얻을 수 있기를 바랍니다.

스스로 이해한 경험이 '투자 철학'으로 머릿속에 입력되면 아주 든든해집니다. 길을 잃었을 때 돌아올 곳이 있으면 흔들림 없이 계속 투자할 수 있게 됩니다.

마지막으로 한 가지, 제가 주식 투자에서 중요하게 여기는 점입니다.

'일단 계속한다.'

오직 이것 하나입니다.

장기적인 성공을 믿고 무리하지 않는 선에서 10년 단위로 계속 투자해야 합니다.

'계속하기'는 주식 투자에서 성공하는 최대 비결입니다.

여러분이 장기적으로 투자를 계속하면서, 이 책을 통해 한 가지라도 깨달음의 단서를 얻는다면 저자로서 그보다 큰 기쁨은 없을 것입니다.

마지막으로 주식 투자 스터디를 함께 하고 있는 미우라 씨,

•

263

마치며

평소 경제 방송에 함께 출연하는 (주)온더보드 대표이사 와다 씨, 주식 투자 스터디와 중·고등학생 대상 스터디 참가자 여러분, 스터디를 도와주시는 여러분, 이 책의 콘셉트와 내용에 대해 많은 조언을 주신 21세기BOX의 스즈키 씨, 그리고 무엇보다 이 책을 구입해 주신 여러분께 진심으로 감사드립니다.

어느 좋은 날
나가타 준지

주식은 멘탈이다